GUIDES

POUR QUEL
MÉTIER
ÊTES-VOUS FAIT ?

Gérard ROUDAUT

SOMMAIRE

PARTIE IV

PARTIE V

PARTIE VII

INTRODUCTION

« Ceux qui trouvent une formation ou un emploi qui les satisfont ne sont pas forcément ni les plus doués, ni les plus qualifiés, mais ce sont toujours ceux qui connaissent le mieux la manière de chercher et de choisir. » (Dicton personnel)

Nombreux sont ceux qui s'orientent encore en ne tenant compte que des seules informations concernant le marché de l'emploi. L'unique question qui les préoccupe est de trouver une voie qui leur permettra d'accéder le plus facilement possible à un emploi. Magazines spécialisés et émissions de télévision les confortent d'ailleurs dans cette idée en publiant en permanence des enquêtes sur les métiers qui marchent ou les secteurs censés être d'avenir. Ainsi chaque année, souvent en fonction des modes du moment, des milliers de jeunes s'orientent-ils en masse vers telle ou telle filière. Il y a « les années droit », « les années sport » ou encore « les années psycho ».

Le marché de l'emploi n'est pas la seule question à envisager.

La crise de l'emploi qui dure maintenant depuis plusieurs années, laissant sur le bas-côté de nombreux jeunes et moins jeunes, n'est pas de nature à nous inciter à raisonner autrement. S'il y a peu d'emplois à se partager, autant se donner toutes les chances pour être le mieux placé dans la concurrence, aurait-on tendance à se dire. On oublie ainsi, avant même d'avoir commencé, que les activités professionnelles occuperont tout de même une bonne partie de notre vie.

De nombreuses enquêtes d'opinion ont montré que les moins de 25 ans forment le projet de réussir leur vie sentimentale et de faire un meilleur partage entre vie personnelle et vie professionnelle. Ils montrent ainsi qu'ils ont compris de quoi devra désormais être faite une vie réussie. Toutefois, ce très louable et très légitime projet cache aussi parfois une véritable dévalorisation de ce que peut apporter une vie professionnelle épanouie. Effrayé par l'impitoyable bataille qu'il faudra mener pour « trouver sa place », instruit par l'exemple de proches, littéralement « jetés » de leur boulot dans la force de l'âge, persuadé que le travail ne sera que servitude sur fond d'opportunisme, on préfère se réfugier d'avance dans la sphère privée. Si tel est votre cas, posez-vous une question simple : croyez-vous sincèrement qu'au retour d'une journée de travail sans intérêt, pour le compte d'un patron avec lequel vous êtes en mauvais termes, et au milieu de collègues dont vous ne supportez plus la mesquinerie, vous pourrez tranquillement jouir d'une vie de famille équilibrée ? Au-delà de sa fonction alimentaire, vous découvrirez vite qu'une « occupation professionnelle » est bien plus que cela. Le travail, et pas seulement dans nos sociétés, c'est aussi ce qui nous permet d'avoir une certaine image de nous-même et ce qui facilite nos rapports avec les autres. Interrogez un chômeur il vous dira qu'il est douloureux de se sentir socialement inexistant.

Etre sa propre boussole

Le livre que vous avez entre les mains repose sur l'idée forte que vie professionnelle et vie personnelle sont en grande partie indissociables. Mieux, il considère, en se basant sur de nombreuses enquêtes et études de chercheurs, que plus la voie que vous choisirez correspondra à ce que vous aimez réellement faire et plus vous vous donnerez de chances de réussite, y compris, le moment venu, dans la recherche d'un emploi. C'est pourquoi nous allons vous aider à répondre à une question centrale : quelle est la voie qui vous correspond le mieux ?
Certains auteurs commencent d'ailleurs à penser que cette manière de poser le problème sera de plus en plus importante dans l'avenir. Si, comme on le dit beaucoup, la vie professionnelle est et sera de plus en plus faite de changements, la meilleure « boussole » dont un individu puisse disposer n'est-elle pas ses propres valeurs et intérêts ? Chacun, demain, sera conduit à monnayer ses compétences qu'il devra donc entretenir pour éviter d'être dépassé. Mieux vous aurez déterminé les facultés et compétences qui vous correspondent et plus facilement vous pourrez les mettre à jour en permanence, en saisissant telles opportunités plutôt que telles autres pour ensuite « transférer » vos expériences dans d'autres situations de travail. Tout au long de ce livre nous allons, en effet, vous montrer que les qualifications de chacun sont très liées à nos centres d'intérêts et à nos manières d'être dans la vie.

La méthode la plus utilisée au monde

Que vous soyez à la recherche d'une formation ou déjà en quête de votre premier emploi, vous vous êtes certainement rendu compte qu'un diplôme, aussi pointu soit-il, ne vous « prédestine » pas à un emploi précis. Même dans le cas où vous feriez ou auriez fait, par exemple, des études de médecine, l'éventail de vos choix reste très large. Allez-vous ouvrir votre propre

cabinet ou travailler dans un hôpital ou encore vous diriger vers l'industrie pharmaceutique ?
Que ce soit au moment du choix d'une formation ou de la recherche d'un premier emploi, l'impression qui domine le plus souvent est celle d'un trop plein d'informations. Les possibilités sont tellement nombreuses que l'on ne sait plus trop où donner de la tête et surtout comment choisir. C'est la vocation de ce guide de vous aider à y voir clair. La méthode qu'il vous propose (une des plus utilisées au monde) va vous aider à éviter la noyade dans la masse d'informations dans laquelle on se retrouve plongé lorsque l'on doit faire des choix d'orientation. En vous aidant à mieux vous connaître, nous allons vous permettre, en effet, de savoir faire le tri dans les informations dont vous disposez et vous apprendre à rechercher les seuls renseignements utiles à la réalisation de vos objectifs.

Comment lire ce livre ?

Ce livre vous propose une méthode complète pour mieux choisir votre orientation, en termes d'études ou de premier emploi. Nous abordons tout d'abord un point essentiel : dans un monde en mutation constante, s'orienter en fonction de soi, de ses propres valeurs est devenu indispensable. Nous vous expliquons pourquoi dans la première partie. Dans la partie suivante, nous décrivons six grands groupes d'intérêts. Ils correspondent chacun à des manières d'être, notamment dans la vie professionnelle, et permettent de comprendre comment et pourquoi nous avons plus de chance de réussir dans une activité plutôt que dans une autre. Cette partie vous permettra non seulement de vous cerner mais encore de comprendre ce qui fait votre originalité puisque vous aurez l'occasion de découvrir des motivations différentes des vôtres. Vous pourrez ainsi mieux connaître vos vraies forces et relativiser plus facilement vos faiblesses.
La troisième partie vous permettra de vérifier vos premières intuitions à travers de nombreux quiz. Personne n'appartient à un seul groupe d'intérêts, l'objectif est donc de vous aider à cerner de la manière la plus fine possible votre profil en testant vos ressemblances. Il se peut que vous soyez un lecteur du type « impatient ». Dans ce cas vous pouvez commencer par répondre aux quiz et ensuite revenir à la partie I.
Dans la partie IV nous revenons sur les six grands pôles d'intérêts, pour vous permettre, en fonction de vos résultats aux quiz de mieux cerner vos forces et vos faiblesses. Pour chacune des six

pôles, nous listons les compétences et les talents associés ainsi que les points faibles pour vous aider à vous améliorer le cas échéant.
Vous découvrirez ensuite que, si « la valeur n'attend pas le nombre des années », nous ne voulons pas forcément les mêmes choses à tous les âges de notre vie. Ainsi, par exemple, certains mettent-ils plus longtemps pour « se trouver », tandis que d'autres se construisent pas à pas. Cette mise en perspective de votre avenir, selon le groupe auquel vous appartenez, vous permettra de mettre à leur vraie place les décisions que vous avez à prendre aujourd'hui. A travers une anticipation virtuelle de votre futur, et grâce à l'exemple de ceux qui sont passés avant vous, vous découvrirez, de manière très concrète que, quelle que soit l'importance d'un choix d'orientation, celui que vous avez à faire aujourd'hui ne représente jamais qu'une étape parmi d'autres.
Notre objectif n'est pas de proposer une méthode d'orientation de plus et sûrement pas de rester dans le « conceptuel ». C'est pourquoi dans la partie VI nous passerons au concret en vous présentant les filières de formation correspondant le mieux à votre profil d'intérêt.
Enfin, dans la dernière partie nous listons les métiers et secteurs qui correspondent le mieux à votre profil.

Les cinq constats fondateurs de cette méthode

1. Nous ne sommes pas prédestinés mais certaines activités nous correspondent mieux que d'autres. Ainsi avec un même diplôme, telle personne aura plaisir à travailler dans un environnement qui favorise le travail en équipe, tandis qu'une autre préférera travailler seule.

2. Chaque activité, chaque environnement de travail a tendance à réunir des personnes qui partagent des intérêts en commun et qui, dans une certaine mesure, se ressemblent. Les différents types d'intérêts correspondants peuvent être décrits simplement et il existe une méthode permettant de savoir pour quel type d'environnement de travail une personne est plutôt faite.

3. Mieux connaître nos motivations profondes facilite la prise de décisions. Les possibilités qui s'offrent alors sont toujours aussi nombreuses mais les choix sont facilités par la connaissance d'éléments de réflexion. Quand on fait ce qu'on aime vraiment, il est

plus simple de cibler les métiers où on aura des chances de réussite plus grandes.

4. Chaque grand groupe d'intérêts (ils sont au nombre de six, voir ci-après) a tendance à communiquer d'une certaine façon. Mieux connaître ces groupes c'est se donner une plus grande chance de savoir communiquer avec eux. Cela nous permet, en effet, de mieux comprendre ce que tel ou tel est susceptible de nous proposer d'intéressant par rapport à nos propres objectifs et, le cas échéant, de convaincre plus aisément.

5. Enfin, il est démontré que plus une personne a défini ses propres aspirations et plus facilement elle atteint ses objectifs. Elle augmente ses chances de trouver la formation ou l'activité professionnelle lui correspondant le mieux car, comme plusieurs études l'ont montré, elle est plus apte à trouver l'information nécessaire. Les anciens Grecs le savaient d'ailleurs déjà fort bien, qui disaient : « *Il n'y a pas de vent favorable pour celui qui ne connaît pas son port.* »

Pour toutes ces raisons, ce livre vous aidera à choisir une voie en toute connaissance de cause. Il sera aussi pour vous un outil d'aide à la préparation des entretiens de sélection des écoles et des entreprises. Au fil des pages vous découvrirez vos véritables aspirations mais aussi vos talents et vos compétences. Autant d'informations qui vous permettront d'apprendre à mieux vous présenter, en mettant en avant vos points forts sans vous perdre dans les détails inutiles. Ce que l'on connaît bien s'énonce clairement.

QUELQUES MOTS SUR JOHN HOLLAND

La méthode proposée dans ce livre s'appuie notamment sur les travaux du chercheur américain John Holland. Né en 1919 à Omaha, Nebraska, dans une famille modeste d'origine anglo-irlandaise, John Lewis Holland s'est très vite tourné vers la psychologie, après s'être essayé à la musique et aux sciences physiques. C'est dans les années 60 qu'il pose les premiers fondements de sa théorie des « intérêts vocationnels », grâce à l'observation de plusieurs centaines de personnes, dans le cadre de l'armée américaine puis de l'université. Dès le début des années 70, il finalise sa théorie sous la forme d'un hexagone (voir figure 1 dans la partie II) donnant une représentation spatiale des six grands groupes d'intérêts.

Sa théorie consiste en quelques idées simples. Premièrement nous pouvons décrire les personnes par leur ressemblance aux six personnalités types. Deuxièmement, les environnements dans lesquels les personnes vivent et travaillent peuvent être classés selon le même principe. A partir de là, il postule que la combinaison personne/environnement de travail est la méthode d'orientation la plus efficace. Quelques années plus tard il va jusqu'au bout de son idée en publiant le *Dictionary of Holland occupational codes* qui est la codification, selon sa théorie, de plus de 12 000 activités professionnelles recensées par le dictionnaire établi par le gouvernement américain (*Dictionary of occupational titles*). Il démontre ainsi l'aspect délibérément concret de sa méthode qui est aujourd'hui la plus utilisée au monde pour le conseil en orientation scolaire et professionnelle. En 1995, John Holland a reçu le prestigieux prix Award de la Société de psychologie américaine. Il a influencé un nombre considérable de chercheurs.
Le présent livre s'appuie d'ailleurs sur plusieurs de ces travaux de recherche, notamment ceux de Danielle Riverin-Simard, de l'université Laval au Quebec, ainsi que ceux de Robert Reardon et Janet Lenz.

Pour en savoir plus :
• *Making vocational choices*, John Holland, Psychological Assesment Resources, PO Box 998, Odessa, Floride 33556, Etats-Unis. On peut le commander dans les librairies spécialisées en littérature en langue anglaise.
• *Travail et personnalité*, D. Riverin-Simard, Presses de l'université Laval, distribué par la Librairie du Québec, 30, rue Gay Lussac, 75005 Paris. Tél. : 01 43 54 49 02.

PARTIE I

S'ORIENTER SELON SES GOÛTS, UNE NÉCESSITÉ

« Les années 80 ont été consacrées à la recherche de l'excellence,
les années 90 seront les années de l'identité.
Il s'agit de réapprendre à nous définir d'une manière
plus authentique et plus profonde,
à retrouver la valeur de ce que nous sommes,
afin de construire une vraie confiance en soi. »
William Bridges

1. Portrait de l'employé salarié avant la crise

Jusqu'à une époque récente, chaque salarié dans une entreprise était situé à un niveau précis de la hiérarchie et dépendait donc de la personne placée directement au-dessus de lui et, le cas échéant, avait autorité sur les personnes placées immédiatement en dessous de lui. Cette position le situait, horizontalement, dans une spécialité professionnelle et dans un service ou une unité de l'entreprise responsable d'un certain type de travail tel que la production, les études, le commercial, la comptabilité, le marketing... Chaque salarié avait ainsi une définition de poste, décrit, le plus souvent, dans la convention collective dont l'entreprise dépendait. Les salariés les plus ambitieux, ou parfois les plus méritants, pouvaient espérer suivre un plan de carrière en grimpant les échelons les uns après les autres. Tout le monde, ou presque, pouvait en tout cas espérer voir son salaire augmenter régulièrement et rares, d'ailleurs, étaient les entreprises où il n' y avait pas de prime d'ancienneté.

Chacun avait sa place et la plupart des salariés exerçaient au long de leur vie professionnelle un seul métier et souvent dans la même entreprise. La médaille du travail, accordée par le ministère du même nom, venait ponctuer de bronze, d'argent puis de vermeil les longues années qui séparaient le débutant de l'âge de son départ en retraite qui, lui, faisait l'objet d'un « pot » d'adieu et de cadeaux (généralement des outils de jardin) de la part de ses collègues. C'était l'âge d'or (?) de la fameuse sécurité de l'emploi. Le chômage existait bien sûr déjà mais il était, disait-on, « d'adaptation ». C'est-à-dire que les gens qui se retrouvaient au chômage n'y restaient généralement que très peu de temps.
L'arrivée du chômage massif dans les années 1970 n'inquiéta guère au début et fut mise sur le compte de la crise pétrolière dans les pays arabes. Chacun, notamment du côté des hommes politiques, promettait pour bientôt la « fin du tunnel ». Les années 1980 arrivèrent avec un chômage de plus en plus massif et, fait plus inquiétant, qui devenait pour beaucoup de longue durée.

2. Les nouvelles règles du jeu

Le chômage massif de longue durée qui concerne désormais toutes les catégories professionnelles et plus seulement les « bas niveaux de qualification », comme on les appelle, ne suffit d'ailleurs pas à lui seul à expliquer les changements énormes qui sont intervenus dans le monde du travail. En regard de la description faite ci-dessus, il est intéressant de résumer les nouvelles règles qui prévalent aujourd'hui, même si elles ne sont pas toujours formulées par les entreprises :

• Les salariés peuvent tous se considérer aujourd'hui comme « temporaires » et pas uniquement les salariés en contrat à durée déterminée, les intérimaires ou les vacataires. En effet, les emplois qu'ils occupent dépendent des résultats de l'entreprise. Il suffit d'observer les licenciements parfois massifs pour s'en persuader.

• A partir de là, chacun doit, en permanence, faire la preuve de son efficacité et de l'intérêt de son poste de travail.

• Parallèlement les niveaux hiérarchiques ont été réduits et les zones de polyvalence ont été multipliées. Dans beaucoup d'entreprises aujourd'hui, l'organisation du travail se fait à travers des projets qui réunissent, pour l'occasion, des gens qui autrefois dépendaient de services ou de secteurs différents. Chaque nouveau projet conduit à une recomposition possible des équipes de travail.

Tout cela a, bien évidemment, des incidences majeures sur la façon de gérer sa carrière et, de manière plus générale, sa vie professionnelle. Certains parlent de la notion « d'employabilité » qui consiste à développer et entretenir, en permanence, sa capacité à pouvoir assurer de nouvelles tâches, dans des circonstances également nouvelles, voire même pouvoir en permanence aller chercher du boulot ailleurs, en cas de défaillance ou de virage radical, de l'entreprise dans laquelle on était employé.

On peut regretter cet état de fait, mais on peut difficilement l'ignorer car, comme le disait Francis Bacon (philosophe anglais du XVe siècle) : « *Celui qui ne veut pas appliquer des remèdes nouveaux doit s'attendre à des maux nouveaux, car le Temps est le plus grand des novateurs* ».

Le livre que vous avez entre les mains, au-delà même du simple choix d'orientation que vous avez à faire aujourd'hui, est un outil

de réflexion. En effet, dans un monde professionnel où chacun doit créer ses propres repères et gérer son propre itinéraire, comment ne pas se dire que la meilleure méthode consiste à s'en remettre à ses propres valeurs. Même si depuis l'enfance, ou presque, on vous a appris à vous méfier de vos envies et désirs, trouver son chemin et tracer sa voie passe aujourd'hui par une prise en compte de sa propre personnalité et devient même sûrement la meilleure façon de ne pas se perdre.
Comme le dit William Bridges (voir encadré ci-après), « *Vos désirs, vos aptitudes, tempérament et atouts (DATA), mis bout à bout, constituent une base de données (en anglais DATA), une fondation solide sur laquelle vous pourrez construire votre vie. Cette nouvelle option professionnelle non seulement vous ouvrira une autre voie que le salariat traditionnel, mais elle vous conviendra mieux que l'ancienne. Par ailleurs, comme la vie professionnelle est aujourd'hui très prenante, cette réorientation vous permettra de mieux tenir psychologiquement puisqu'elle ne constituera pas un viol de votre personnalité et de vos espoirs les plus profonds.* »

LA THÉORIE DE W. BRIDGES SUR LA CONFUSION D'IDENTITÉ

L'homme moderne a pris l'habitude de se définir par ce qu'il fait : son métier, son poste dans une entreprise, son emploi et le statut qui l'accompagne.
D'ailleurs, dans les soirées amicales, le rituel des présentations consiste à vous demander ce que vous faites, et non qui vous êtes. Reconnaissons-le, notre mentalité contemporaine est malade. Nous nous comportons comme si le travail salarié, et lui seul, était productif pour la société. Travailler chez soi ou pour une cause bénévole ne l'est pas. A tant nous identifier à notre emploi, nous avons oublié que nous sommes beaucoup plus que ce que nous faisons. Sans un changement de perspective rapide, nous risquons de som-brer dans une crise identitaire ou dans la confusion de nos valeurs fondamentales. Pourtant, dans l'ordre chronologique de la vie, nous commençons par « être », puis nous apprenons à « faire ». La perte de confiance en soi ne survient que plus tard, quand ce que l'on fait ne semble pas recueillir les résultats espérés ou l'approbation attendue.
Au-delà des turbulences et des secousses que chacun traverse dans sa vie, le vrai travail d'aujourd'hui – intérieur cette fois – consiste à retrouver la valeur du « moi », afin de construire une confiance en soi. Toute personne a besoin, pour vivre en accord avec elle-même, d'au moins trois éléments : une activité qu'elle juge utile, un revenu qui lui permette de subsister et un sentiment de dignité personnelle.

Notre erreur consiste à croire que les trois attributs doivent provenir de la même source : l'emploi salarié. Le chômeur, même indemnisé, souffre car il a perdu son occupation et sa dignité. La femme au foyer se sent déconsidérée parce qu'elle n'a pas de revenu direct. Le retraité n'a plus son activité « utile » et sa fierté d'autrefois. Dans notre esprit, seul l'emploi traditionnel à plein-temps apporte une réponse satisfaisante à notre quête identitaire. Il est urgent de nous défaire de cette fausse représentation, au risque de voir nos villes et nos villages se peupler de personnes déracinées, malheureuses, ayant perdu l'estime d'elles-mêmes et le goût de vivre.
Il s'agit donc de réapprendre à nous définir d'une manière plus authentique et plus profonde en commençant par ce que nous sommes : nos qualités, nos valeurs, nos goûts, notre héritage du passé, mais aussi notre futur, nos aspirations, la personne que l'on veut devenir. Un individu n'est pas uniquement la somme de son histoire. Il est aussi sa destinée et son potentiel de transformation.

A lire : William Bridges, *La Conquête du travail : au-delà des transitions*, Editions Village Mondial, 1995, 294 p.

PARTIE II

NOUS SOMMES TOUS DIFFÉRENTS

« Chacun de nous n'est pas, de par sa nature, tout à fait pareil à chaque autre, mais cette nature au contraire l'en distingue ; à l'exécution de tâches différentes conviennent des personnes différentes. »

Platon

COMMENT A ÉTÉ MISE AU POINT LA MÉTHODE TRICAM

J'ai découvert la méthode exposée dans ce livre à l'occasion de plusieurs voyages d'études en Amérique du Nord, Etats-Unis et Canada. J'étais parti à la découverte des différentes méthodes d'orientation scolaires et professionnelles dans ces contrées pionnières dans ce domaine. Un jour de février 1989, je rencontrai, au quatorzième étage d'un building de Minneapolis, Thomas Vessey, un consultant indépendant depuis de très nombreuses années auprès des familles et des salariés américains. J'avais un peu de mal à suivre une discussion qui se déroulait, bien évidemment dans un américain au fort accent du Middle West et je laissais la consultante française, qui m'accompagnait, entretenir la conversation, me contentant de jargonner quelques mots de temps à autre. La fin de notre entretien fut très surprenante. Se tournant vers moi avec un large sourire, Thomas Vessey se lança dans une description assez juste de ce qui m'animait dans la vie. Malgré le peu d'échanges que nous avions eus ensemble, il fut capable de me donner de nombreux détails sur mes centres d'intérêts, mes goûts et ma manière d'être, tant dans le travail que dans la vie courante. Je me pris alors d'une réelle curiosité pour la théorie sur laquelle reposait le travail de ce consultant, spécialiste du « vocational training », l'aide aux personnes en mal d'avenir.
C'est ainsi que je me mis à lire un nombre important d'ouvrages, écrits par des praticiens, et de comptes rendus de recherches qui avaient été faites sur la question. La théorie de John Holland, du nom de son auteur, me devint progressivement de plus en plus familière, et je compris que Thomas Vessey, loin de posséder des dons de voyant, était un utilisateur expérimenté de cette théorie. Par la suite, j'ai eu l'occasion de rencontrer des personnes travaillant avec cette méthode, notamment dans des collèges et universités américains et québécois et j'ai eu l'opportunité de proposer en France de nombreuses séances d'orientation pour les jeunes. Enfin, plus tard, j'ai été amené à affiner cette méthode pour le monde francophone, en y intégrant quelques nouvelles recherches comme celle d'Albert Bandura (sur la notion du sentiment de compétences personnelles et du rôle de notre environnement sur nos choix d'orientation) et de quelques autres (Danielle Riverin-Simard, Michalyi Czikszentmilhalyi, Howard Gardner, Robert Reardon...).
De même, dans le cadre de la société Euromaps, plusieurs spécialistes de l'orientation et des ressources humaines ont contribué à mettre au point de nouvelles appellations afin d'axer la méthode sur des pôles d'intérêts plus que sur des types de personnes. Ainsi est née la méthode TRICAM, validée sur un échantillon représentatif de 3 500 personnes. A ce jour, celle-ci a aidé près de 12 000 personnes dans leur orientation.

1. Quand deux boulangers se rencontrent, que se racontent-ils ?

Une fois familiarisé avec la théorie des intérêts, on découvre qu'elle comporte de très nombreux avantages :
• elle repose sur des principes simples et facilement compréhensibles par tous ;
• elle n'est pas figée mais au contraire permet une démarche active voire interactive. C'est une méthode qui « laisse du temps au temps » car elle montre que nos décisions ne sont jamais irrévocables et peuvent se construire par étapes successives. C'est une méthode, enfin, qui laisse toute la place à l'exploration par le recours à des hypothèses successives ;
• elle permet une approche globale à l'inverse d'autres méthodes et théories nécessitant d'intégrer un très grand nombre d'informations avant de pouvoir les comprendre et les utiliser ;
• elle facilite les choix d'orientation car elle permet d'aller rapidement à l'essentiel ;
• elle est profondément humaine et respecte l'intimité des personnes, notamment parce qu'elle ne nécessite pas d'aller fouiller dans notre inconscient comme le font les méthodes faisant appel à des théories plus psychologiques ;
• elle constitue aussi un formidable moyen de mieux connaître et comprendre les autres, permettant ainsi de vivre plus facilement en harmonie.

Le nombre de recherches effectuées sur sa validité et sa réelle efficacité pratique, dans la durée (plus de trente ans) et l'espace (sur quasiment tous les continents) la rendent totalement unique dans sa spécialité.
Nous vous proposons de vous familiariser progressivement avec chacun des concepts sur lesquels elle repose. Au fil du livre vous pourrez ensuite progresser avec de très nombreux exemples et découvrirez comment l'appliquer à votre propre cas. Ceux d'entre vous qui ont déjà passé des tests seront certainement étonnés. Généralement, on obtient les résultats à un test sans trop savoir comment on y est arrivé. Les questions partent un peu dans tous les sens et la personne chargée de commenter ces résultats assène des évidences que l'on est bien obligé de prendre pour argent comptant. Avec la méthode TRICAM, rien de tout cela. Elle nous propose de construire nous-même notre propre démarche

d'orientation. Ainsi, dans le prochain chapitre, aurez-vous l'occasion de vous tester en répondant à un certain nombre de questions. Mais avant cela, vous aurez découvert les principes de bases de la méthode. Contrairement à ce qui se fait le plus souvent, c'est donc « sans anesthésie » que vous pourrez vous tester. Vous comprendrez ainsi d'autant mieux les résultats que vous obtiendrez et pourrez en faire un bien meilleur usage.

Vous avez peut-être remarqué que, souvent, un boulanger, un mécanicien ou encore un artiste ont une nette tendance à se comporter d'une manière semblable à un autre boulanger, un autre mécanicien ou à un autre artiste. Leur façon de communiquer avec leurs clients ou leurs partenaires, la manière qu'ils ont d'être ordonnés ou, au contraire, totalement brouillons, leur discrétion ou leur facilité à entrer en contact avec les autres et à raconter leurs soucis au premier venu ou encore le plaisir qu'ils prennent à résoudre des problèmes concrets, à attendre les ordres venus d'en haut, à décider par eux-mêmes... apparaissent comme autant de points communs. C'est à se demander qui influence qui : les personnes ou les activités professionnelles. Vous avez d'ailleurs déjà certainement fait le même constat par rapport à vos amis et vous vous sentez plus proche de l'un ou de l'autre précisément parce qu'il a ou non certaines manières de se comporter semblables aux vôtres.

2. Les six grands pôles d'intérêts

Lorsqu'il est conseiller pour le recrutement de nouveaux soldats dans l'armée américaine, puis au cours de ses études de psychologie à l'université du Minnesota, et enfin lors de son travail comme conseiller au centre d'orientation de la Western Reserve University, John Holland s'attache à découvrir les points communs entre les centaines de personnes qu'il est conduit à observer ou aider. C'est ainsi qu'il met au point, en un peu plus de dix ans de travail, une typologie permettant de classifier les différentes manières d'être des personnes. Pour lui les traits de caractère et autres systèmes d'évaluation de la personnalité humaine (compétences, savoir-faire, savoir être...) peuvent se résumer en six grands pôles.

Les grands pôles : la méthode TRICAM

Le pôle Technicité
On y trouve les personnes qui préfèrent les emplois et activités ancrés dans la réalité, permettant la manipulation ordonnée d'objets, d'outils, de machines et d'animaux. Elles se sentent généralement moins intéressées, et moins « compétentes », pour tout ce qui touche les rapports sociaux. Elles ont un bon sens pratique et abandonnent rarement une tâche avant de l'avoir terminée. Elles sont franches, modestes et plutôt réservées (elles détestent, par exemple, devoir parler d'elles-mêmes).

Le pôle Réflexion
Il concerne des personnes généralement douées pour les mathématiques et les sciences mais qui n'aiment pas trop diriger des équipes. Elles sont indépendantes, circonspectes, intellectuelles, précises, curieuses et méthodiques. Elles adorent apprendre, en permanence, de nouvelles choses.

Le pôle Imagination
Il s'agit de personnes qui ne laissent pas indifférentes mais qui peuvent aussi totalement dérouter leurs interlocuteurs. Elles sont, en effet, désordonnées, impulsives, indépendantes, originales, idéalistes, intuitives mais peu pratiques. Elles sont bien sûr très créatives et « fonctionnent » souvent à l'émotion.

Le pôle Coopération
Ce type de personnes aime donner assistance à autrui. Former, guérir, enseigner ou encore informer sont leurs activités favorites. On les décrit comme accueillantes, délicates, responsables, convaincantes, généreuses et tolérantes.

Le pôle Action
Ce sont des personnes particulièrement toniques et ambitieuses. Elles sont très douées pour obtenir le leadership car elles s'expriment avec beaucoup d'aisance. On les décrit comme étant aventureuses, énergiques, aimant la vie, un peu tapageuses, autoritaires et populaires.

Le pôle Méthode
Les personnes de type classique aiment surtout les activités qui nécessitent ordre et systématisme. En un mot, elles aiment la régularité dans le travail. Ce sont des personnes calmes, méthodiques et consciencieuses, qui s'intègrent souvent très bien dans une équipe de travail. Elles en sont même souvent un des pivots.

Les principes fondateurs

Le modèle TRICAM (Technicité, Réflexion, Imagination, Coopération, Action, Méthode) était né. Mais mieux encore, à partir de là, John Holland énonce quatre grands principes de base :
• dans nos cultures, la plupart des gens peuvent se reconnaître dans l'un de ces six grands types ;
• ces six types peuvent également être utilisés pour décrire les environnements de travail. John Holland donne ainsi vie au vieux proverbe « Qui se ressemble s'assemble ». Ses travaux démontrent qu'un environnement de travail donné a tendance à réunir des gens qui se ressemblent plus ou moins. Leur façon d'être et de communiquer, leur manière de voir la vie et de s'organiser sont autant d'éléments facilitant un travail en commun ;
• plus ou moins consciemment, nous sommes tous à la recherche d'un environnement de travail dans lequel nous pourrons exercer nos talents et nos habiletés, exprimer notre vision du monde et nos valeurs et prendre du plaisir à effectuer certains travaux spécifiques plutôt que d'autres. En quelque sorte l'intérêt attire

l'intérêt. Richard Reardon, qui a écrit de nombreux livres sur la question, appelle ça « *the bird of a feather* » (littéralement « l'oiseau d'un plumage »), ce qui veut dire que nous sommes tous attirés par ce qui nous correspond au plus profond de nous ;
• Notre comportement est déterminé par l'interaction entre notre personnalité et l'environnement dans lequel nous évoluons. Plus un environnement professionnel nous permet de nous comporter comme nous aimons le faire et plus nous avons de chances de réussite dans notre travail.

Identité vocationnelle
De ces principes découle l'idée que le choix d'une orientation est une expression de notre personnalité. Chacun de nous possède une « identité vocationnelle » que nous réalisons d'autant mieux que nous évoluons dans un environnement adéquat. Cela montre la grande importance de ce choix et confirme ce que nous avons vu dans l'introduction : accepter un travail qui ne nous convient pas vraiment, tout en espérant pouvoir mener une vie personnelle satisfaisante, relève, au mieux, du coup de poker, au pire de la schizophrénie.
Ces principes vont également permettre d'énoncer un certain nombre d'autres idées qui vont faire avancer de manière considérable nos connaissances sur le processus idéal d'orientation des personnes.

Cohérence des types entre eux
A l'intérieur des six grands types il y a des relations possibles ou au contraire des oppositions fortes. Ainsi les réalistes ont-ils plus de points communs avec les classiques qu'avec les artistes. De la même façon, les personnes de type investigatif et celles de type artistique partagent une certaine aptitude à la créativité.

Différenciation
Certaines personnes ou environnements de travail se définissent plus clairement que d'autres. Ainsi telles personnes ou tels environnements se définiront-ils d'abord et avant tout à travers un des six grands types, alors que les autres présenteront un profil correspondant à un mélange de plusieurs types. Plus le profil de la personne sera fortement lié à un nombre restreint de types et plus il sera facile de cerner l'environnement de travail dans lequel elle saura donner le maximum de ses capacités.

Un dessin vaut mieux qu'un long discours

Ce sont ces différentes idées et constatations qui ont conduit John Holland à répartir les six grands types sur un hexagone. Celui-ci permet de visualiser, d'un seul coup d'œil, les proximités et les oppositions entre les différents types.
Ainsi, comme vous pouvez le voir sur la figure ci-dessous, le pôle Technicité a des points communs avec le type Réflexion ou encore Méthode, ce dernier étant plus proche également du pôle Action que du pôle Coopération et ainsi de suite. En revanche, les oppositions sont manifestes entre le pôle Technicité ou le pôle Coopération, entre les pôle Réflexion et Action (« réfléchir avant d'agir » ou « agir sans réfléchir », et enfin entre les pôle Imagination et Méthode, tous ces pôles se situant à l'opposé l'un de l'autre sur l'hexagone.

Un peu comme les simulateurs de vol qu'utilisent les apprentis pilotes, l'hexagone mis au point par John Holland nous aide à apprendre à piloter nos choix d'orientation en nous permettant d'anticiper sur ce qui se passera réellement sur le terrain. Une bonne compréhension de ce modèle permet, par exemple, de comprendre pourquoi certaines personnes aiment énormément leur travail, tandis que d'autres sont malheureuses et ne cessent de dénigrer ce qu'elles ne considèrent que comme un gagne-pain et une corvée.

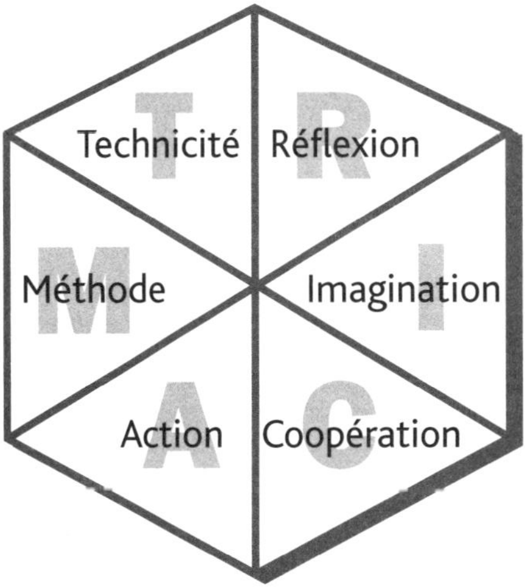

Congruence pôle personnel/pôle professionnel

Comme nous l'avons vu, les différents types de personnes correspondent à des environnements spécifiques. Les personnes du pôle Imagination évoluent mieux dans des environnements de type imaginatif (publicité, marketing, arts, etc.), c'est-à-dire faisant appel à une certaine ambiguïté dans l'organisation, leur permettant ainsi d'exprimer leurs émotions et leur créativité. Les personnes du pôle Technicité, elles, se sentent bien dans des environnements qui valorisent le sens pratique et le concret, et ainsi de suite pour tous les pôles.

La plus ou moins grande adéquation entre le profil type d'une personne et celui d'un environnement dans lequel elle travaille ou se forme s'exprime par la notion de congruence et d'incongruence. « L'incongruence », et donc le risque de découragement voire d'échec, menace lorsqu'une personne évolue dans un environnement peu cohérent avec le ou les types d'intérêts dans lesquels elle se reconnaît le mieux. Par exemple, une personne de type Imagination qui travaillerait dans une banque (environnement de type Méthode), a toutes les chances de déprimer, sauf peut-être si elle travaille au service de la communication externe ou du marketing, services bénéficiant eux-mêmes d'une grande indépendance par rapport au reste de l'entreprise. On en déduit facilement qu'une personne d'un certain type travaillant dans un environnement du même type aura un fort degré de congruence (et de fortes chances de réussite) ; une personne travaillant dans un environnement de travail correspondant à un type adjacent sur l'hexagone (par exemple une personne de type Imagination dans un environnement de type Réflexion) conservera un degré de congruence acceptable ; en revanche, si cette même personne évolue dans un environnement correspondant à un type alterné sur l'hexagone (disons Technicité et Action pour rester dans notre exemple d'une personne de type Imagination) elle n'aura qu'une congruence moyenne tandis que travaillant dans un environnement de type opposé (par exemple Méthode pour une personne de type Imagination) elle aura toutes les « chances » de se sentir mal dans sa peau.

Cette notion de congruence montre que la meilleure manière de bien choisir son orientation est celle qui consiste à sélectionner les environnements de travail ou de formation correspondant le mieux à ses propres centres d'intérêts. Vous pourrez d'ailleurs trouver plus loin, une fois que vous aurez répondu aux tests proposés, la liste des formations et des métiers correspondant le mieux à votre profil.

Certains d'entre vous se révéleront peut-être des « *pilotes d'exception* », pour reprendre la belle expression de la chercheuse québécoise Danielle Riverin-Simard, c'est-à-dire qu'ils trouveront leur voie facilement et s'en tiendront à leur choix de départ. D'autres mettront plus de temps pour « se trouver ». L'identité vocationnelle d'une personne est aussi affaire de prise de conscience qui se fait plus ou moins rapidement. Certains comprennent presque spontanément ce qui leur correspond le mieux ou non tandis que d'autres ont besoin de passer par l'expérience voire par la méthode des « essais-erreurs ». Ce livre peut les aider à brûler certaines étapes en étant mieux informés de ce qui les fait agir et de ce qui les rend vraiment heureux et donc efficaces dans une formation ou dans un emploi (on ne fait bien que ce que l'on aime vraiment).

Comme l'a montré Lionel Arsenault dans son *Dictionnaire des compétences* (édité par Arsenault formation-conseil, CP 62021, Saint-Bruno, Québec J3V 6E2. Tél. : (514) 441 2700. Fax : (514) 461 2209), à côté des connaissances proprement dites, qui ont leur importance pour réussir dans un travail, les motivations jouent souvent un rôle primordial. Il montre que leur rôle est même plus grand que les seules connaissances livresques ou techniques qui ne sont que la partie émergée de l'« iceberg » de la réussite. La motivation vient du plaisir que nous prenons à effectuer une tâche ou une mission.
Progresser dans la connaissance de soi c'est se donner de meilleures chances de réussite. C'est aussi se donner les moyens de profiter de toutes les expériences, y compris celles qui ne correspondent pas totalement à ce que l'on recherche ou ce que l'on aimerait faire vraiment. Mieux on a déterminé son objectif, plus facilement on peut l'atteindre, ce n'est pas à vous que je vais l'apprendre.

COMMENT S'EXPLIQUENT NOS DIFFÉRENCES ?

La formation de la personnalité reste relativement mystérieuse. La plupart des chercheurs considèrent néanmoins qu'elle est, à plus de 50 %, la résultante de l'histoire familiale et des expériences d'une personne, l'hérédité jouant certainement un rôle mais qu'il est bien difficile de préciser. Une preuve de l'importance du vécu est fournie par l'exemple des enfants adoptés qui finissent par tellement bien se fondre dans leur famille d'accueil que ceux qui ne connaissent pas leur histoire leur trouvent parfois des ressemblances (y compris physiques) avec les membres de ladite famille.
Les travaux des biologistes et des neurologues montrent que les attitudes et compétences s'éduquent. Beaucoup de choses se passent au niveau de notre cerveau qui transmet ses « instructions » à notre corps. Chaque expérience aboutit ainsi à des connexions entre nos neurones. Un exemple peut être donné à travers les relations père-fils. Si votre père a eu des relations difficiles avec son propre père, il aura toutes les difficultés du monde à entretenir un bon rapport avec vous, tout simplement parce qu'on ne lui a pas montré comment il devait s'y prendre. A l'opposé lorsque nous avons déjà vécu une situation nous savons d'autant mieux la reproduire. Elle fait partie de notre « référentiel de comportements ».
Ces quelques idées rapportées à la théorie de John Holland amènent à penser que si vos parents étaient tous deux de type Technicité, vous aurez tendance à développer une personnalité du même type, ne serait-ce que parce que les amis de vos parents, leurs loisirs et leur travail étaient de type Technicité. Mais un raisonnement trop simple entraîne parfois la complication : vous avez par ailleurs côtoyé des personnes et des environnements correspondants à d'autres types que ceux de vos parents et ceux-ci vous ont également influencé ; par ailleurs vos parents avaient certainement eux-mêmes des personnalités sensiblement différentes. Enfin votre comportement s'est peut-être construit en réaction à celui ou ceux de vos parents. C'est pourquoi John Holland préfère dire que la personnalité est le noyau de la personne, sa « boîte noire ».

PARTIE III

TESTEZ-VOUS

Nous vous proposons à présent de répondre à une série de questions pour mieux vous connaître. Vous pouvez y mettre le temps que vous voulez mais nous vous conseillons d'y répondre le plus spontanément possible. Rassurez-vous, aucun piège ne vous est posé. Avec un peu de perspicacité, et compte tenu de tout ce qui vous a déjà été dit précédemment, vous devriez comprendre le sens de nombreuses questions.
Contrairement aux tests habituels, de recrutement par exemple, le jeu ne consiste pas à « sortir de la boîte » un résultat mystérieux, proche disons d'un horoscope. Le grand avantage de la méthode proposée est précisément sa transparence. Elle vous permet de construire vous-même votre démarche, en toute connaissance de cause, en utilisant des informations claires et faciles d'accès.
Si vous avez déjà une idée précise de ce que vous voulez faire, cela vous permettra de confirmer votre choix et vous ouvrira peut-être d'autres perspectives intéressantes. Si vous n'avez pas encore fait votre choix, vous trouverez dans la partie suivante une liste des activités professionnelles et des filières d'études vous correspondant le mieux.

1. Vos types d'environnements privilégiés

Choisissez dans ces listes les types d'activités et d'environnements de travail ou de formation vers lesquels vont vos préférences. Cochez la case O pour oui ou N pour non. Totalisez ensuite vos résultats positifs pour chacune des six lettres autour desquelles sont réparties les compétences proposées : T R I C A M (la lettre correspondant à chaque tableau est indiquée en haut, à gauche).

T

	Oui	Non
Les activités favorisant les compétences manuelles et les capacités physiques		
Les activités dont les objectifs sont clairement définis		
Les activités faisant appel à des connaissances et des savoir-faire techniques		
Les activités s'exerçant de préférence en extérieur ou au grand air		
Les activités donnant l'occasion de mettre au point des solutions concrètes à des problèmes		
Les environnements qui favorisent l'utilisation d'outils et de machines		
Les environnements structurés et proposant des horaires réguliers		
Les environnements qui ne nécessitent pas trop de discussions collectives		
Les environnements qui permettent de travailler seul		
Les environnements qui permettent d'acquérir des expériences concrètes		
Total de Oui		

R	Oui	Non
Les activités qui permettent de résoudre des problèmes compliqués		
Les activités dont les objectifs sont la recherche de solutions nouvelles		
Les activités faisant appel à des connaissances et des savoir-faire intellectuels		
Les activités s'exerçant de préférence dans une atmosphère non directive et pas trop hiérarchisée		
Les activités donnant l'occasion de mettre au point des façons de faire innovantes		
Les environnements qui favorisent le contact avec des personnes compétentes et expérimentées		
Les environnements pas trop structurés et proposant des horaires libres		
Les environnements qui ne nécessitent pas trop de travail d'exécution		
Les environnements qui permettent de travailler en équipe pluridisciplinaire		
Les environnements qui permettent de continuer d'apprendre de nouvelles choses		
Total de Oui		

I	Oui	Non
Les activités qui font appel à l'imagination		
Les activités où on peut apporter ses propres idées		
Les activités faisant appel à des expériences extérieures		
Les activités s'exerçant de préférence dans un domaine artistique		
Les activités donnant l'occasion de mettre au point des nouvelles manières de faire		
Les environnements qui permettent d'échapper à la routine		
Les environnements pas trop structurés et permettant l'auto-organisation de son travail		
Les environnements qui ne nécessitent pas trop de contrôles administratifs		
Les environnements où on peut être reconnu pour sa créativité		
Les environnements qui permettent de mettre en œuvre son sens artistique		
Total de Oui		

C	Oui	Non
Les activités favorisant le travail en équipe		
Les activités dont les objectifs sont d'aider les autres		
Les activités faisant appel à des compétences de relations humaines		
Les activités s'exerçant de préférence dans un domaine social		
Les activités donnant l'occasion d'être en contact avec beaucoup de gens différents		
Les environnements qui favorisent le dialogue et l'interaction		
Les environnements chaleureux où l'on peut partager les idées		
Les environnements qui ne nécessitent pas de travailler dans son coin		
Les environnements qui reposent sur une organisation collective du travail		
Les environnements où règne un climat de confiance		
Total de Oui		

A	Oui	Non
Les activités où on peut prendre des décisions		
Les activités dont les objectifs sont orientés vers l'action concrète		
Les activités faisant largement appel à l'initiative individuelle		
Les activités s'exerçant de préférence dans un domaine où on peut prendre des responsabilités		
Les activités donnant l'occasion de mettre au point des stratégies		
Les environnements qui favorisent la compétition		
Les environnements structurés et permettant la conduite de projets		
Les environnements qui ne nécessitent pas trop discussions préalables		
Les environnements qui permettent la prise de risques		
Les environnements qui permettent de développer son sens de la direction d'équipe		
Total de Oui		

M	Oui	Non
Les activités permettant de gérer des dossiers et d'organiser		
Les activités dont les objectifs sont clairement définis et acceptés par tous		
Les activités faisant appel à des compétences techniques précises		
Les activités s'exerçant de préférence dans un domaine administratif ou financier		
Les activités donnant l'occasion de prouver ses compétences		
Les environnements qui favorisent le travail en coopération		
Les environnements structurés et proposant des activités régulières et stables		
Les environnements qui ne nécessitent pas trop de compétition entre les gens		
Les environnements qui permettent à chacun de trouver sa place		
Les environnements qui permettent de mettre en œuvre son sens du travail d'équipe		
Total de Oui		

Reportez ci-dessous le total de Oui obtenu dans chaque tableau.

T	R	I	C	A	M

2. Vos loisirs de prédilection

Choisissez dans ces listes les loisirs vers lesquels vont vos préférences. Cochez la case O pour oui ou N pour non. Totalisez ensuite vos résultats positifs pour chacune des six lettres autour desquelles sont répartis les loisirs proposés : T R I C A M (la lettre correspondante à chaque tableau est indiquée en haut, à gauche).

T

	Oui	Non
Effectuer des travaux de rénovation dans une maison ancienne		
Cultiver des plantes ou des fleurs		
Faire du sport		
Réparer un système électrique ou électronique		
Fabriquer des modèles réduits		
Faire une randonnée à cheval		
Confectionner des vêtements		
Faire de la cuisine		
Bricoler à la maison		
Lire des revues spécialisées (automobile, mécanique, sport, couture, bricolage, animaux...)		
Total de Oui		

	Oui	Non
Jouer aux échecs		
Apprendre une langue étrangère		
Rechercher de l'information sur l'Internet		
Lire des revues ou des livres scientifiques		
Regarder un documentaire à la télévision		
Revoir un point de cours mal compris		
Assister à des conférences ou à des colloques		
Discuter avec des spécialistes		
Travailler à une invention personnelle		
Suivre des formations complémentaires dans mon domaine de prédilection		
Total de Oui		

I	Oui	Non
Assister à un concert ou visiter une exposition		
Jouer d'un instrument ou écouter de la musique		
Assister à un défilé de mode ou à une manifestation artistique		
Faire une promenade en forêt		
Lire un roman ou de la poésie		
Collectionner des objets rares ou précieux		
Acheter des vêtements originaux		
Faire de la sculpture, peindre ou dessiner		
Discuter avec des artistes		
Apprendre à me servir du dernier logiciel de dessin assisté par ordinateur		
Total de Oui		

C	Oui	Non
Participer à une réunion politique		
Aider mes amis à résoudre leurs problèmes		
Participer à une randonnée pédestre en montagne		
Passer un bon moment entre amis		
Jouer dans une pièce de théâtre		
Donner des cours de soutien à des élèves en difficulté		
Résoudre un conflit familial ou entre voisins		
Faire connaissance avec de nouvelles personnes		
Partir en week-end à l'étranger		
M'occuper d'enfants		
Total de Oui		

A	Oui	Non
Pratiquer un sport de combat		
Participer à une soirée mondaine		
Jouer au golf		
Sauter en parachute		
Passer une soirée à jouer dans un casino		
Assister à une soirée de gala avec des personnalités du spectacle		
Sortir en boîte de nuit avec des amis		
Participer à un concours		
Diriger une association		
Monter un grand projet		
Total de Oui		

M

	Oui	Non
Jouer aux cartes en famille		
Recevoir quelques amis à dîner		
Rendre visite à la famille		
Faire des mots croisés		
Faire mes comptes		
Faire un ménage complet dans la maison		
M'étendre au soleil sur une plage		
Aller au cinéma avec mon (ma) meilleur(e) ami(e)		
Assister à une réunion d'anciens élèves		
Réviser mes leçons		
Total de Oui		

Reportez ci-dessous le total de Oui obtenu dans chaque tableau.

T	R	I	C	A	M

3. Les métiers dont vous rêvez

Choisissez dans la liste qui suit les cinq métiers que vous préférez en cochant la case blanche à droite. Totalisez ensuite dans le tableau en bas de page suivante les résultats obtenus pour chacune des six lettres : T R I C A M.

Technicien de télévision	T	R	I	
Pilote d'avion	R	M	T	
Architecte	I	R	T	
Professeur dans l'enseignement primaire	C	I	A	
Chargé de relations publiques	A	I	C	
Secrétaire	M	C	A	
Mécanicien	T	R	C	
Biologiste	R	T	A	
Costumier du spectacle	I	T	R	
Imprimeur	M	T	C	
Technicien de contrôle qualité	T	R	A	
Horticulteur	R	T	C	
Paysagiste	I	R	T	
Editeur	C	T	A	
Patron d'entreprise	A	C	T	
Technicien de contrôle qualité	M	T	A	
Cameraman	T	R	M	
Taxidermiste	R	T	C	
Ecrivain	I	R	A	
Agent d'assurance	C	R	A	

Chef de chantier de construction	A	C	T	
Analyste financier (banque et finance)	M	R	A	
Cuisinier dans un restaurant	T	I	C	
Dentiste	R	T	A	
Créateur de mode	I	C	T	
Travailleur social	C	A	R	
Représentant de commerce	A	C	T	
Responsable d'une agence bancaire	M	C	A	
Analyste programmeur	T	C	R	
Psychologue	R	I	A	
Humoriste	I	C	A	
Conseiller principal d'éducation de collège	C	A	I	
Avocat	A	C	R	
Comptable	M	C	A	
Conducteur d'ambulance	T	C	R	
Vétérinaire dans un zoo	R	C	A	
Musicien instrumental	I	C	M	
Conservateur de musée	C	A	I	
Responsable export	A	C	I	
Steward ou hôtesse de l'air	M	A	C	
Prothésiste dentaire	T	C	A	
Interprète	R	C	M	
Sculpteur	I	A	T	
Libraire	C	A	M	

Responsable service clients	A	C	I	
Inspecteur des impôts	M	A	R	
Installateur d'équipements techniques	T	C	A	
Sociologue	R	A	C	
Illustrateur de presse	I	A	T	
Entraîneur de chevaux	C	A	M	
Agent immobilier	A	C	I	
Bibliothécaire	M	T	C	
Montreur d'ours	T	C	A	
Contrôleur financier	R	M	T	
Directeur photo (télévision et cinéma)	I	A	C	
Responsable d'un centre de loisirs	C	M	T	
Responsable logistique	A	C	M	

Reportez ci-dessous le total de Oui pour chacune des six lettres

T	R	I	C	A	M

Total général (résultats inscrits page 46 + page 52 + page 55)

T	R	I	C	A	M

4. Quelle est votre place sur l'hexagone des compétences ?

Vos réponses aux différents questionnaires vous permettent de savoir auquel des six groupes d'intérêts vous ressemblez le plus. Inscrivez, dans chacun des ronds (voir schéma pages suivantes), les résultats obtenus pour chaque lettre. Vous pouvez maintenant continuer votre lecture.

T comme Technicité

La personne du pôle Technicité préfère les activités ancrées dans la réalité et permettant la manipulation ordonnée et systématique d'objets, de machines ou d'animaux. Elle est souvent moins intéressée par les échanges sociaux et est plutôt réservée. Elle a un bon sens pratique et abandonne rarement une tâche avant d'être arrivée à bonne fin.

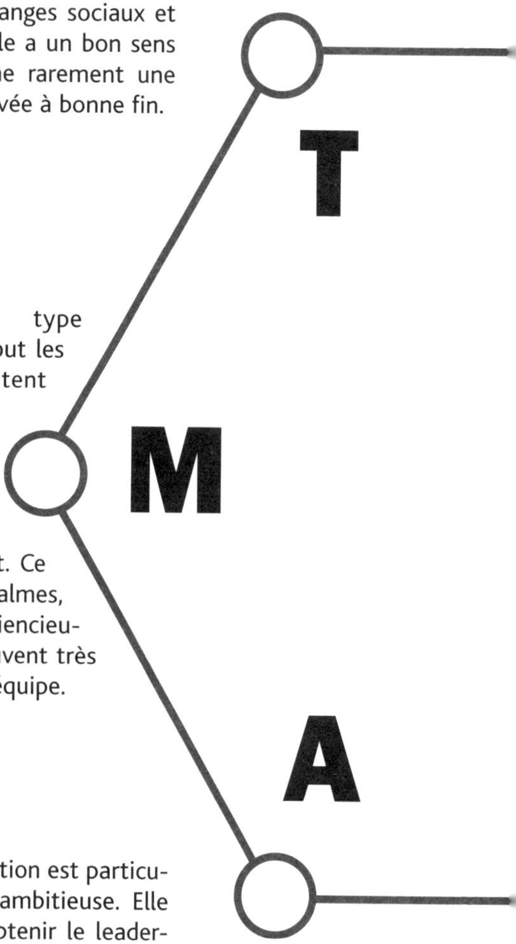

M comme Méthode

Les personnes de type Méthode aiment surtout les activités qui nécessitent ordre et systématisme. En un mot, elles aiment la régularité dans le travail et sont parfois réticentes au changement. Ce sont des personnes calmes, méthodiques et consciencieuses, qui s'intègrent souvent très bien dans un travail d'équipe.

A comme Action

La personne de type Action est particulièrement tonique et ambitieuse. Elle est très douée pour obtenir le leadership car elle s'exprime facilement. On la décrit comme une personne aventureuse, énergique, aimant la vie, un peu tapageuse, autoritaire quoique le plus souvent populaire.

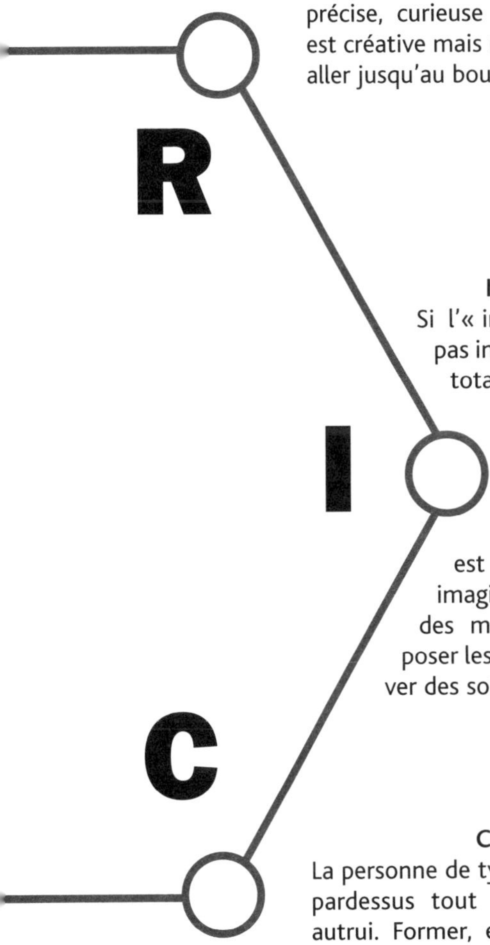

R comme Réflexion

C'est une personne douée pour les mathématiques et les sciences mais qui n'aime pas trop diriger une équipe, car elle aime son indépendance. Elle est modeste, circonspecte, intellectuelle, précise, curieuse et méthodique. Elle est créative mais n'aime pas forcément aller jusqu'au bout d'une réalisation.

I comme Imagination

Si l'« imaginatif » ne laisse pas indifférent, il peut aussi totalement dérouter ses interlocuteurs. Il est, en effet, désordonné, idéaliste, impulsif, intuitif mais peu pratique. Il est bien sûr très créatif et imaginatif et il a souvent des manières nouvelles de poser les problèmes pour trouver des solutions.

C comme Coopération

La personne de type Coopération aime pardessus tout donner assistance à autrui. Former, enseigner, soigner ou informer sont ses activités favorites. On la décrit comme accueillante, responsable, convaincante, généreuse et tolérante.

PARTIE IV

QUELLES SONT VOS COMPÉTENCES ?

Dans les pages qui suivent nous vous proposons de voir dans le détail les spécificités et différences de chacun des six grands types d'intérêts. Vous trouverez pour chaque type :

- ses principales caractéristiques ;
- les compétences qu'il est particulièrement capable de mettre en œuvre ;
- ses points forts ;
- ses points faibles ;
- son mode de communication avec les autres ;
- les caractéristiques des environnements où il aura le plus de chances de réussite.

Vous êtes bien sûr impatient de lire les deux ou trois profils dont les résultats aux tests ont montré que vous étiez le plus proche. Nous vous conseillons néanmoins de lire l'ensemble des six descriptions. Il s'agit non seulement d'avoir une idée la plus précise possible de votre propre profil mais aussi de comprendre l'ensemble de l'éventail des comportements. Cela vous permettra de mieux comprendre vos forces (constituées souvent par nos différences qui sont autant de complémentarités possibles avec les autres), mais aussi de mieux cerner des comportements qui vous étaient jusqu'ici étrangers : une occasion rêvée pour apprendre à vivre en bonne intelligence avec les autres.

1. T comme Technicité

Principales caractéristiques

Les personnes à dominante Technicité ont une préférence marquée pour les activités ancrées dans la réalité et elles manifestent de l'intérêt pour la manipulation d'objets, d'outils ou de machines, parfois même au détriment des rapports humains, pour lesquels elles se déclarent souvent « incompétentes ». Plusieurs études ont ainsi montré que ces personnes avaient souvent une véritable aversion pour les activités de type pédagogique (apprendre aux autres) ou thérapeutique (soigner des malades). De même, en dehors d'aspects pratiques ou techniques, elles sont peu intéressées par les échanges sociaux au travail. Elles préfèrent l'action à la discussion.
Ce sont des personnes qui n'aiment pas parler d'elles, qui sont peu intuitives et peu perspicaces mais qui sont considérées par les autres comme « authentiques » et sincères.
Que ce soit pendant leur formation, ou plus tard dans le travail, elles sont pragmatiques et aiment les résultats tangibles. C'est peut-être pourquoi, d'ailleurs, elles ne sont pas insensibles aux récompenses. La juste rémunération de leur travail est, pour elles, un point extrêmement important.
Les personnes à dominante Technicité aiment avoir une certaine liberté de manœuvre. Elles sont ambitieuses et sont des adeptes du « self control ».

John Holland dit d'elles qu'elles sont : conformistes, dogmatiques, inflexibles, matérialistes, naturelles, pratiques, réservées, effacées.

Principales compétences

Elles ont le souci du travail bien fait et le sens du détail. Elles respectent les règles de sécurité et elles ont un grand sens pratique. Elles prennent soin du matériel utilisé.
Elles savent gérer leur temps et travailler de manière autonome. Elles sont persévérantes.
Elles recherchent l'efficacité dans leur organisation de travail, insistent sur les résultats à atteindre et savent partager leurs expériences et leurs connaissances avec les autres.

Elles préfèrent les solutions concrètes et pratiques plutôt que les raisonnements théoriques ou les stratégies faisant trop appel à l'imagination.

Mode de communication avec les autres

Vous l'aurez compris, si la personne à dominante Technicité aime l'authenticité et la franchise, elle peut, parfois, être prise pour une « asociale » car elle n'est pas très portée vers les autres. Elle insiste beaucoup sur le savoir-faire plus que sur le « savoir être ». C'est pourquoi, malgré ses difficultés à communiquer, elle est souvent considérée par le groupe comme une personne de bon conseil à qui on n'hésite pas à demander de l'aide pour la réalisation d'un travail à caractère technique.
Pour le débutant, le problème va être de « se vendre » et de passer des entretiens d'embauche. S'il a affaire à des recruteurs qui sont eux-mêmes à dominante Technicité, cela sera plus facile pour lui. Dans le cas contraire, il aura tout intérêt à suivre les formations d'entraînement proposées par l'ANPE, l'Apec ou encore l'Afij.

Points forts

Nous listons ici les points forts des personnes à dominante Technicité. Cette liste peut notamment servir de grille de préparation à un entretien d'embauche ou de sélection à une formation.

- Discipline personnelle
- Efficacité dans son travail
- Qualité du travail fourni
- Transmission des consignes dans un langage clair,
- Gestion efficace de son temps pour atteindre les objectifs fixés
- Forte implication dans son travail
- Respect des règles de sécurité
- Maintien de ses efforts même face aux difficultés
- Capacité à trouver des solutions concrètes et pratiques à des problèmes
- Capacité à planifier un projet
- Grand sens des réalités
- Soin des outils, de l'équipement et du matériel
- Méticuleux et précis dans son travail
- Autonome dans son travail

Points faibles

Bien connaître ses points faibles est un bon moyen de pouvoir y apporter des solutions. Les informations qui vous sont données ici sont d'ailleurs destinées à vous aider à mieux comprendre les efforts que vous pouvez faire, voire les formations complémentaires que vous pourrez suivre.
Les personnes à dominante Technicité ont deux difficultés majeures : les rapports humains et leur peu d'intérêt pour la nouveauté qui peut les conduire, dans un monde professionnel où les technologies évoluent tous les jours, à être dépassées.
C'est pourquoi il leur faudra faire un effort particulier dans le domaine de la communication interpersonnelle et dans le management d'équipe. C'est d'autant plus important pour elles que ce sont des personnes ambitieuses et cela leur sera nécessaire pour évoluer professionnellement. Dans le même ordre d'idée, on ne peut que les inciter à mieux savoir se mettre en valeur car c'est également un de leurs points faibles.
Enfin, ils ne trouveront que des bénéfices à développer leur créativité et leur réflexion, notamment dans leur domaine professionnel. Cela peut passer par la lecture de revues ou de livres spécialisés, par la confrontation de points de vue avec des personnes à dominante Réflexion ou encore par des formations complémentaires.

Types d'environnements conseillés

Les environnements qui réunissent une majorité de personnes à dominante Technicité sont orientés vers la technique et la réalisation concrète. Ils sont souvent de taille restreinte ou constituent des départements homogènes d'un plus grand ensemble. Par exemple, il peut s'agir d'un IUT proposant des filières techniques, d'une PME industrielle ou du département maintenance bureautique d'une grande entreprise. Dans tous les cas, il s'agit de milieux professionnels ou de formation assez refermés sur eux-mêmes. Ces environnements ne sont pas trop hiérarchisés et offrent la possibilité de travailler de manière « libre » et autonome, même si une définition précise des objectifs à atteindre est clairement établie et acceptée de tous. La hiérarchie s'établit beaucoup plus en fonction de l'ancienneté et des compétences techniques des uns et des autres, que par des décisions venues d'en haut.

Au niveau de la formation, l'équipe pédagogique est orientée vers un enseignement concret et dans des établissements réunissant un nombre pas trop important d'élèves.

Paroles de personnes à dominante Technicité

« J'ai besoin d'être en forme pour donner le meilleur de moi-même et je me couche souvent de bonne heure. »

« Je prends mon travail très à cœur. Au début de ma formation, j'avais constamment besoin de bien faire, d'être apprécié par mes profs. C'était une pression incroyable. En troisième année je me sens plus sûr de moi et j'ai l'impression de bien maîtriser les techniques. Parfois je me demande si ce sera aussi simple dans le monde du travail, si je n'aurais pas besoin de réapprendre en fonction du lieu où je tomberai. »

« Souvent ce sont les discussions qui nous font perdre du temps. »

« Cette formation en apprentissage, ça a été un vrai régal pour moi. Il y avait un vieux compagnon qui m'a transmis un tas de ses " trucs " pour réaliser les choses plus facilement. C'est là qu'on s'aperçoit que l'astuce est souvent mille fois plus efficace que les grands raisonnements qu'on nous tient à l'école. »

Association avec d'autres dominantes d'intérêts

Rares sont ceux qui ne se rattachent qu'à une seule dominante d'intérêts. Voici les « alliances » fréquentes pour les personnes à dominante Technicité

Technicité et Réflexion
Elles ont une nette attirance pour les problèmes concrets et cherchent des résultats tangibles pour leur travail. Elles préfèrent les objectifs pratiques à ceux qui sont fixés sur le long terme et elles sont moyennement intéressées par le travail en équipe.
Elles apprennent plus facilement et en accumulant les expériences que dans le cadre de formations plus académiques.

Technicité et Imagination

Ces personnes peuvent exercer, généralement en solitaire, des activités que personne d'autre ne fait comme, par exemple, l'artisanat d'art, la réalisation de prothèses ou encore la restauration d'œuvres d'art. Elles peuvent également se révéler douées pour la conception ou le design de produits industriels ou encore pour la réalisation de modèles et maquettes. Enfin, si elles sont, par ailleurs, dans le pôle Action, elles peuvent gérer un magasin de bricolage ou de jouets.

Technicité et Coopération

Plusieurs études ont montré que ces personnes étaient beaucoup plus représentées chez les femmes que chez les hommes. Ce sont des personnes qui ont généralement besoin de créer leur propre « niche » au sein d'une entreprise ou d'une organisation et qui préfèrent communiquer en montrant qu'en parlant. Coach de sportifs, technicien médical ou encore professeur de sport sont les professions où on les rencontre le plus.

Technicité et Action

Ce sont des personnes orientées vers l'action concrète. Elles peuvent diriger des équipes mais leurs préférences vont vers des groupes de gens exerçant des tâches manuelles. Elles aiment définir des objectifs simples et s'y tenir avec le minimum de réunions ou de discussions intermédiaires. Elles préfèrent d'ailleurs travailler seules en s'installant, par exemple, à leur compte pour gérer un magasin, un garage ou une entreprise personnelle de réparation.

Technicité et Méthode

Ce sont des personnes particulièrement stables et à l'esprit pratique. Elles ont besoin d'avoir des objectifs clairs et bien définis et d'un minimum de discussion et d'interaction avec les autres. Elles aiment planifier leur journée de travail avec le moins d'imprévus et d'interruptions. Les « petits nouveaux » ont besoin de faire leurs preuves avant de pouvoir être acceptés par ce type de personnalité qui adore consacrer leur temps libre à des activités de plein air.

2. R comme Réflexion

Principales caractéristiques

Les personnes à dominante Réflexion aiment comprendre. Elles se caractérisent par leur goût pour la recherche, sous toutes ses formes et dans tous les domaines. Leurs préférences vont vers des activités, de formation ou de travail, permettant d'étudier les divers phénomènes physiques, culturels, sociaux ou biologiques. Elles sont d'ailleurs souvent douées pour les mathématiques et les sciences. A l'inverse, par exemple, des personnes à forte dominante Technicité, elles n'aiment pas les problèmes dont les solutions sont purement techniques ou pratiques. Elles leur préfèrent les défis compliqués et faisant appel à la créativité et au raisonnement plus qu'aux règles bien établies. Leur attirance pour l'abstrait les rend souvent rétives aux aspects administratifs ou hiérarchiques et elles aiment l'indépendance dans le travail. Mais tout cela ne les empêche pas d'être méthodiques et précises.

John Holland dit d'elles qu'elles sont analytiques, complexes, curieuses et possédant un fort esprit critique, indépendantes, intellectuelles, introspectives, plutôt pessimistes, rationnelles, réservées et parfois radicales.

Principales compétences

Les personnes à dominante Réflexion tiennent compte de tous les aspects d'une situation avant de prendre une décision et savent partager les responsabilités dans le cadre d'un projet collectif. Elles sont capables de mettre en place un plan d'action et ont le sens de l'anticipation. Elles ont un esprit scientifique et sont très créatives. Elles n'hésitent pas à se spécialiser dans des domaines pointus avec l'espoir de trouver de nouvelles applications ou des solutions à des problèmes non encore résolus. De manière générale, elles cherchent, en permanence, à étendre le champ de leurs connaissances, expériences ou techniques acquises, et elles ont parfois du mal à faire la part entre leur vie professionnelle (ou leur formation) et leur vie familiale. Elles apparaissent parfois comme asociales.

Elles savent gérer les priorités et donner une image de crédibilité et de compétence et elles possèdent un grand sens de l'observation. Elles savent rédiger un projet de manière claire et précise et font preuve d'un grand sens critique.

Mode de communication avec les autres

Les personnes à dominante Réflexion aiment leur indépendance et peuvent paraître intéressées dans leurs relations avec les autres. On dit souvent d'elles que ce sont des intellectuelles, plus intéressées par les idées que par les gens et elles apparaissent souvent comme des personnes distraites et peu intéressées par leur apparence. Elles sont néanmoins curieuses et, malgré l'image qu'elles donnent parfois, elles n'ont pas une très grande confiance en elles. Malgré cette faiblesse, elles n'ont généralement pas trop de difficultés pour aborder la période de recherche d'un emploi car elles savent rechercher l'information utile et ont suffisamment de distance par rapport à elles-mêmes pour savoir présenter leur candidature à un recruteur potentiel.

Points forts

Nous listons ici les points forts des personnes à dominante Réflexion. Cette liste peut notamment servir de grille de préparation à un entretien d'embauche ou de sélection à une formation.

- Autonome dans le travail
- Capacité à prendre en compte tous les paramètres d'une situation avant de prendre une décision
- Capacité à poser les bonnes questions
- Mise en place de bonnes conditions de travail pour inciter les autres à se perfectionner
- Faculté à déléguer une partie de son travail et à appuyer les autres si nécessaire
- Esprit critique tout en étant constructif
- Synthétique
- Capacité à mettre en place des collaborations à l'intérieur et à l'extérieur d'un groupe
- Faculté d'anticipation des conséquences d'une décision ou d'une action
- Arbitrage des conflits sans favoritisme

- Gestion efficace des priorités
- Capacité à donner une image « professionnelle » de son travail,
- Bonne connaissance d'un secteur ou d'une technique donnés,
- Capacité à planifier un projet complexe
- Formulation et rédaction d'un message avec clarté et précision.

Points faibles

Bien connaître ses points faibles est un bon moyen de pouvoir y apporter des solutions. Les informations qui vous sont données ici sont d'ailleurs destinées à vous aider à mieux comprendre les efforts que vous pouvez faire, voire les formations complémentaires que vous pourrez suivre.
Les personnes à dominante Réflexion ont pour principale difficulté leur attirance pour la théorie plus que pour la réalisation pratique. Dans un environnement qui ne leur laisse pas suffisamment développer ce côté d'elles-mêmes, elles peuvent même passer pour inefficaces et incapables de prendre des décisions concrètes.
C'est pourquoi il est important pour elles d'apprendre à savoir, d'une part, vendre leurs idées, y compris à des gens moins « intellectuels » qu'elles, et de mieux prendre en compte l'aspect pratique d'un projet. Il leur faudra faire un effort particulier pour apprendre à être plus concrètes dans leur façon de vendre une idée ainsi qu'à être plus rapides dans la prise de décision.
On peut d'ailleurs noter que les fameux MBA (*Master of Bussiness Administration*) s'adressent en priorité à des scientifiques souhaitant mieux comprendre le management d'équipe et de projet. Les personnes à dominante Réflexion aimant particulièrement se former et apprendre, nous ne saurions trop leur conseiller de multiplier les formations complémentaires, que ce soit dans le cadre de la formation initiale ou dans celui des dispositifs de formation continue pour les salariés.

Types d'environnements conseillés

Les environnements réunissant une majorité de personnes à dominante Réflexion sont le plus souvent des lieux, de travail ou de formation, qui encouragent la réflexion et l'observation. Ils favorisent la recherche de solutions originales et mettent les personnes en situation d'apprentissage permanent.

Les équipes, pédagogiques ou de travail, sont souvent composées d'experts et de spécialistes qui proposent un enseignement orienté vers la réflexion de bon niveau.

Paroles de personnes à dominante Réflexion

« Le plus important pour moi, c'est qu'il y ait en permanence quelque chose de nouveau dans le travail, quelque chose que je ne connais pas encore. »

« Tout évolue en permanence, c'est ça qui me permet d'apprendre tout le temps. J'adore. »

« Plus on connaît de choses, plus on connaît de façons de faire, et plus on a envie d'en connaître d'autres. Ça empêche de tomber dans la routine. »

« Mon copain a parfois du mal à comprendre pourquoi je passe autant de temps à lire des bouquins sur des sujets de boulot. Lui, une fois rentré à la maison, c'est le black out. Parfois on ne se comprend plus du tout. »

« Je ne m'occupe pas de ce que les autres disent sur ma manière de travailler. Le plus important pour moi, c'est de comprendre comment je fais mon travail. »

Association avec d'autres dominantes d'intérêts

Rares sont ceux qui ne se rattachent qu'à une seule dominante d'intérêts. Voici les « alliances » fréquentes pour les personnes à dominante Réflexion.

Réflexion et Imagination
Ce sont des personnes vite mal à l'aise dans des environnements trop conformistes. Elles sont, en effet, très créatives et ont besoin

d'une certaine marge de manœuvre pour évoluer. Même si elles peuvent facilement se trouver intimidées par des personnes au caractère plus agressif, elles ont besoin d'elles pour arriver à vendre leurs idées. Bien comprises, elles peuvent faire le bonheur d'un service publicité, communication ou marketing et, de manière générale, de toute entreprise ayant besoin d'établir des stratégies à long terme.

Réflexion et Coopération

Ce sont des personnes optimistes et positives et qui sont plus intéressées par les comportements humains que par les théories ou les idées. Elles recherchent le meilleur pour tous et n'aiment guère la compétition. Elles sont particulièrement appréciées dans des environnements liés au développement des nouvelles technologies ou aux activités de conseil (services aux entreprises, formation...).

Réflexion et Action

Assez rares, ces personnes allient la réflexion et l'action. Elles sont très appréciées dans les domaines de la recherche appliquée, du marketing ou encore du développement de nouveaux produits et services. Elles sont plus à l'aise dans des environnements ni trop grands ni trop structurés.

Réflexion et Méthode

Ce sont des personnes qui ont particulièrement besoin de se voir reconnues dans leur domaine de spécialité. Elles sont très douées pour les prévisions et les études statistiques et sont donc très appréciées dans les domaines de l'assurance, du calcul de risque (bourse, commerce international, services financiers...), de la banque et, de manière générale, de la finance. Mais elles font aussi, par exemple, d'excellent « Yield manager », ces spécialistes de la gestion des stocks et des flux dans le secteur du tourisme ou du transport (hôtellerie, transport aérien...). Enfin ce sont des personnes qui préfèrent se focaliser sur une tâche ou un projet précis.

Réflexion et Technicité

Ce sont des personnes qui aiment travailler dans le développement de nouveaux produits. Elles ont un grand respect pour toutes les formes d'enseignements et aiment être au contact de spécialistes et de professionnels de leur secteur. Elles sont très appréciées dans les cabinets d'ingénierie industrielle, dans la recherche appliquée, dans la conception et le design industriel ou encore dans le secteur médical (radiologie, kinésithérapie...).

3. I comme Imagination

Principales caractéristiques

Les personnes à dominante Imagination préfèrent les activités libres, ambiguës et non systématiques. Elles se perçoivent elles-mêmes comme étant non-conformistes, ouvertes, expressives, introspectives. Elles ont de vraies qualités pour tout ce qui est de nature artistique et, plus généralement, tout ce qui fait appel au « feeling » et à l'émotion. Elles détestent par-dessus tout les activités répétitives comme, par exemple, les activités d'ordre administratif. C'est pourquoi elles sont particulièrement attirées par les activités, travail, formation ou loisirs, leur permettant de s'exprimer et de manifester leurs valeurs esthétiques. Les conditions matérielles et financières ne sont pas le plus important pour elles et elles peuvent faire preuve de beaucoup de courage dans la poursuite de leur but.
Notez que « l'Imaginatif » est quelqu'un qui met souvent du temps avant de « se trouver », sauf si, bien sûr, il a une vocation ancienne (musique, arts graphiques...). C'est un phénomène qui est donc à prendre en compte, la personne à dominante Imagination se frottant à la vie peut-être plus que les autres. Ce sont souvent les expériences vécues qui lui permettent de se construire un chemin.

John Holland les décrit comme des personnes compliquées, imaginatives, désordonnées, émotives, sensibles, impulsives, expressives, indépendantes et non-conformistes, originales, idéalistes, intuitives mais ayant peu d'esprit pratique.

Principales compétences

Les personnes à dominante Imagination témoignent d'une grande créativité et savent prendre leurs distances par rapport à l'avis partagé par tous. Elles dépassent, le plus souvent, les évidences pour apporter de nouvelles manières de s'y prendre et des idées inédites.
Elles sont capables de prendre des risques et font preuve d'intuition et de flair. Elles se lancent avec enthousiasme dans de nouvelles activités et savent prendre des initiatives sans qu'on le leur

demande. Dans des environnements adéquats, elles suscitent des projets qui stimulent l'imagination et peuvent faire des entorses aux règles admises. Les personnes à dominante Imagination peuvent entraîner les autres grâce à leur facilité à se passionner. Elles ont toutefois un tempérament inquiet et peuvent dérouter par leur capacité à tout remettre en cause lorsqu'elles ont l'impression que les résultats ne seront pas à la hauteur de leurs ambitions de départ.

Mode de communication avec les autres

Les personnes à dominante Imagination ne sont pas toujours faciles à comprendre car, nous l'avons vu, elles peuvent rapidement passer d'une idée à une autre. Elles entretiennent le plus souvent des rapports affectifs et passionnels avec les autres et privilégient le « savoir être » sur le savoir-faire. Ce sont le plus souvent des personnes très généreuses, toujours prêtes à tendre la main.

Points forts

Nous listons ici les points forts des personnes à dominante Imagination. Cette liste peut notamment servir de grille de préparation à un entretien d'embauche ou de sélection à une formation.

- Faculté d'adaptation à des situations changeantes
- Capacité d'anticipation
- Capacité de dépassement des façons de faire habituelles pour en proposer de plus efficaces
- Création de nouvelles méthodes ou systèmes pour améliorer les produits ou services existants
- Curiosité sans bornes dans toutes occasions
- Intuition et flair pour transformer les informations recueillies,
- Enthousiasme face à une nouvelle activité
- Conception et développement permanent d'idées
- Invention de projets qui stimulent l'imagination des autres
- Prise de risques
- Capacité à ne pas hésiter à faire des entorses aux règles admises lorsque la situation le nécessite
- Détermination des besoins futurs à partir de l'analyse des tendances actuelles
- Capacité d'action même dans l'incertitude

• Promotion du changement auprès des autres
• Capacité d'aider par ses idées à la modernisation de la mission d'une entreprise

Points faibles

Bien connaître ses points faibles est un bon moyen de pouvoir y apporter des solutions. Les informations qui vous sont données ici sont d'ailleurs destinées à vous aider à mieux comprendre les efforts que vous pouvez faire, voire les formations complémentaires que vous pourrez suivre.
Les personnes à dominante Imagination possèdent en quelque sorte le défaut de leur qualité : leur grande capacité à travailler dans les situations les plus ambiguës ne les rend pas toujours très aptes à présenter leurs projets et leurs idées de façon claire et concrète, ainsi qu'à prendre en compte les objections qui pourraient leur être formulées. Elles ont, par ailleurs, parfois bien des difficultés à s'intégrer à une équipe, tant elles ont besoin de reconnaissance personnelle et ont donc souvent tendance à faire cavalier seul.
Elles auront donc des efforts à fournir pour être mieux organisées et savoir présenter leurs idées ou créations de manière logique et concise afin de mieux se faire comprendre de leurs collègues ou de leurs supérieurs hiérarchiques, surtout si ceux-ci n'ont pas de dominante Imagination. Elles auront également intérêt à développer leur tact et leur sens de la diplomatie dans leurs rapports avec les autres.

Types d'environnements conseillés

Les environnements réunissant, en majorité, des personnes à dominante Imagination laissent une part importante à l'improvisation et à la créativité et laissent la possibilité à chacun de s'exprimer. Ce sont des environnements peu structurés où la « discussion » est permanente. Les personnes à dominante Imagination ne craignent d'ailleurs pas les conflits et se réconcilient souvent aussi vite qu'elles se sont emportées pour défendre leurs idées.
Ces environnements peuvent être directement liés aux arts (peinture, sculpture, musique, infographie...) mais les personnes à dominante Imagination, si elles sont souvent douées pour le dessin ou la musique, ont un champ d'action beaucoup plus vaste. Tout envi-

ronnement donnant une part importante à l'imaginaire peut leur convenir : publicité, marketing, presse-édition, organisation d'événements, nouvelles technologies de communication (conception, vente, conseil ou encore formation...). Ce qui importe à la personne de type Imagination c'est d'avoir le sentiment d'apporter quelque chose de personnel et de nouveau. A déconseiller : tous les environnements trop fortement hiérarchisés et proposant des tâches répétitives.

Paroles de personnes à dominante Imagination

« Le plus dur pour moi c'est de savoir que je peux réellement créer des trucs intéressants mais de n'avoir aucune expérience pour le prouver à un employeur. Je pense qu'un technicien, par exemple, a moins besoin de prouver sa valeur qu'un créatif. »

« Le travail libre c'est de pouvoir laisser libre cours à son imagination, à son initiative. C'est vraiment mon rêve : avoir une liberté totale sur mon travail ; n'être jugé que sur les résultats. »

« Je ne comprends pas du tout mon patron. Ni sa façon de faire, ni même sa façon d'être. Comment voulez-vous que ça marche dans ces conditions ? »

Association avec d'autres dominantes d'intérêts

Rares sont ceux qui ne se rattachent qu'à une seule dominante d'intérêts. Voici les « alliances » fréquentes pour les personnes à dominante Imagination.

Imagination et Coopération

Plus représentées chez les femmes que chez les hommes, ces personnes aiment utiliser leurs intuitions et leurs émotions pour apporter de l'aide aux autres. Elles sont peu motivées par l'argent et regardent souvent d'un œil soupçonneux les activités à caractère commercial. Elles peuvent travailler dans des secteurs comme l'édition, l'humanitaire ou dans des professions liées à la psychologie ou à l'aide sociales aux plus défavorisés. Proches de la dominante Réflexion, elles font également de très bons journalistes.

Imagination et Action
Ce sont des personnes expressives et indépendantes et qui aiment les environnements où l'on peut agir sans trop de contraintes financières ou de délais. Elles préfèrent d'ailleurs travailler seules et recherchent plus la performance individuelle que le travail d'équipe.

Imagination et Méthode
Ce sont personnes plutôt rares (moins de 0,1 % de la population d'après des études américaines), les deux dominantes étant plutôt antinomiques. Il est par contre fréquent de trouver cette association en sous-dominante. Par exemple une personne à dominante Coopération forte et ayant des scores proches sur les dominantes Imagination et Méthode. Ce sont alors des personnes qui savent utiliser leur imagination pour mettre au point, par exemple, des méthodes de travail plus efficaces.

Imagination et Technicité
Ce sont des personnes qui aiment créer de leurs mains et, de manière générale, qui préfèrent les activités créatives en rapport avec les objets, les outils, les animaux. Elles préfèrent généralement travailler en free lance et elles ont des difficultés à travailler en équipe. Elles sont particulièrement appréciées dans le secteur de l'artisanat d'art ou les arts appliqués : poterie, gravure sur verre, lithographie et estampes...

Imagination et Réflexion
Plus représentées chez les femmes que chez les hommes, ces personnes sont doublement créatives. A l'imagination elles allient l'intellectualisme et font de bons critiques d'art ou de bons Imaginations « conceptuels ». Elles sont également appréciées dans le design de produits de luxe ou technologiques ainsi que dans la presse et l'édition.

4. C comme Coopération

Principales caractéristiques

Les préférences des personnes à dominante Coopération vont aux activités spécialisées dans l'assistance à autrui : informer et communiquer, enseigner ou former, développer, guérir, animer. Ces personnes se préoccupent, en effet, du sort des autres et sont très humaines.
En cas de conflit dans un groupe, elles préfèrent régler les problèmes par la discussion et privilégient, de manière générale, l'amélioration des rapports entre individus.
Elles ont une forte tendance à voir le meilleur chez les autres et sont très attentives à ce que l'on pense d'elles. Elles ont souvent un grand besoin de se sentir « acceptées » et elles ont tendance à se décourager si elles se sentent rejetées.
A l'inverse des personnes à dominante Technicité, par exemple, elles détestent les activités à caractère systématique et ordonnées comportant l'utilisation de matériaux, d'outils, de machines ou d'objets. De même, elles se sentent peu attirées par les discussions d'ordre intellectuel ou théorique et elles aiment l'action concrète et le consensus.

John Holland dit d'elles qu'elles sont : agréables, coopératives, emphatiques, amicales et sympathiques, généreuses, serviables, idéalistes, patientes avec les autres, persuasives, responsables, sociables, pleines de tact et chaleureuses.

Principales compétences

Dans un groupe, la personne à dominante Coopération est un soutien pour les autres et elle inspire confiance. Elle favorise ainsi, le plus souvent, une atmosphère de travail qui stimule l'esprit d'équipe et la coopération.
Elle a du tact et sait faire preuve de diplomatie dans toutes les situations et elle est capable de garder pour elle des informations confidentielles. Lorsqu'elle est amenée à diriger une équipe, elle n'hésite jamais à être solidaire de ses subordonnés et à les défendre si besoin est.
Elle sait s'adapter aux situations nouvelles et elle est capable de donner les bonnes informations aux bonnes personnes. Elle sait

mobiliser les individus autour d'un projet commun, en respectant la manière d'être et de penser de chacun. Elle travaille néanmoins d'autant mieux que d'autres personnes partageant la même façon de voir la vie collaborent avec elle.
La personne à dominante Coopération est très sensible à l'ambiance de travail et peut assez rapidement se décourager dans un milieu trop fermé et insuffisamment chaleureux à son gré.
Elle est particulièrement douée pour les activités d'enseignement et de formation. C'est le plus souvent une personne très stable et elle déteste d'ailleurs l'aventure et les débats trop intellectuels.

Mode de communication avec les autres

C'est le bon copain (ou la bonne copine) toujours prêt à arranger tout le monde et à aider à éviter les conflits. Il a souvent un bon conseil à donner dans les situations difficiles. Son côté « scout toujours prêt » peut parfois agacer mais, de manière générale, on fait appel à lui pour régler les litiges. D'ailleurs, contrairement à la personne à dominante Imagination, par exemple, la personne de type Coopération sait faire la part entre ses émotions et la réalité d'une situation donnée.
Au niveau de la recherche d'un premier emploi, les personnes à dominante Coopération n'éprouvent généralement pas de difficultés particulières. Elles sont même considérées comme des candidats sympathiques. Pensez : elles sont même capables de comprendre pourquoi on ne donne pas suite à leur candidature !

Points forts

Nous listons ici les points forts des personnes à dominante Coopération. Cette liste peut notamment servir de grille de préparation à un entretien d'embauche ou de sélection à une formation.

- Compréhension des attentes et des besoins de tous les membres d'une équipe ou d'un groupe
- Rôle de soutien auprès des autres
- Bonne éloquence verbale
- Constitution de réseaux d'entraide
- Capacité à inspirer confiance, notamment en étant capable de ne pas faire état d'informations personnelles recueillies auprès d'autrui
- Aide des autres à trouver des solutions à leurs difficultés

- Capacité à favoriser un climat de travail stimulant l'esprit d'équipe et la coopération
- Tact et diplomatie, même dans les situations les plus délicates,
- Disponibilité aux autres
- Solidarité des décisions prises en équipe
- Capacité à travailler avec des gens ayant des opinions et des manières d'être différentes
- Faculté à faire circuler les informations importantes
- Grand sens du travail en équipe
- Mobilisation des autres autour d'un projet

Points faibles

Bien connaître ses points faibles est un bon moyen de pouvoir y apporter des solutions. Les informations qui vous sont données ici sont d'ailleurs destinées à vous aider à mieux comprendre les efforts que vous pouvez faire, voire les formations complémentaires que vous pourrez suivre.
Les personnes à dominante Coopération peuvent se laisser entraîner par leur tempérament de « messager de la paix » et éprouver parfois quelques difficultés à imposer un point de vue personnel trop marqué, par crainte de blesser la susceptibilité des autres. Il leur faut donc faire un effort particulier pour apprendre à être ferme dans leur décision et ne pas donner raison « au dernier qui a parlé », évitant ainsi de se laisser trop facilement influencer.
Si elles sont amenées à diriger un budget et des équipes, elles auront également tout intérêt à prendre quelques cours de gestion car elles éprouvent souvent des difficultés dans la tenue des comptes et des budgets impartis.

Types d'environnements conseillés

Les environnements réunissant une majorité de personnes à dominante Coopération sont, par priorité, ceux qui favorisent le travail en équipe et permettent d'être en relation avec un nombre diversifié de personnes. Il s'agit d'environnements où règne un certain consensus. En effet, si la personne à dominante Coopération sait particulièrement bien régler les conflits, elle ne les recherche pas et peut se trouver vite stressée dans les environnements ne fonctionnant, que sur le mode du conflit.

Il peut, soit s'agir d'un environnement homogène (centre d'action sociale par exemple), soit d'une unité, au milieu d'un ensemble plus vaste (direction des ressources humaines...).

Paroles de personnes à dominante Coopération

« Il est très rare que je ne m'entende pas avec quelqu'un. C'est peut-être parce que je ne cherche jamais à juger, je préfère essayer de comprendre. Ça a toujours été comme ça. »

« Le problème dans un groupe c'est que tout le monde ne t'apprécie pas forcément. Parfois ça m'amène à manquer de confiance en moi. »

« Au bureau c'est chacun pour soi. Les seuls échanges se font sur des questions de boulot. A la longue c'est vraiment pénible. Pour moi une ambiance de travail agréable, c'est ce qui permet de donner le meilleur de soi-même. »

Association avec d'autres dominantes d'intérêts

Rares sont ceux qui ne se rattachent qu'à une seule dominante d'intérêt. Voici les « alliances » fréquentes pour les personnes à dominante Coopération.

Coopération et Action
Ce sont des personnes qui aiment « manager » une équipe ou diriger leur propre entreprise. Elles sont particulièrement à l'aise dans les relations humaines et savent tout à la fois se « vendre » elles-mêmes et vendre les services ou produits d'une entreprise. Elles sont appréciées dans les organisations humanitaires ou encore dans le tourisme et les loisirs car elles aiment aider les autres en leur indiquant les voies à suivre ou en leur proposant des activités qui leur correspondent. Elles ne sont pas très portées sur les situations de compétition ou conflictuelles.

Coopération et Méthode
Ce sont des personnes qui aiment le travail d'équipe lorsque les objectifs sont clairement définis. C'est certainement pourquoi

elles préfèrent les grandes entreprises ou organisations aux petites structures. Elles sont très appréciées dans le domaine de la communication interne, de la formation aux techniques administratives ou encore dans les agences bancaires. Elles adorent travailler avec ou pour autrui et se voir confier des tâches qui demandent de la précision et des règles du jeu claires et précises. C'est pourquoi elles sont également recherchées dans les organismes sociaux et dans tout le domaine parajudiciaire (administration pénitenciaire, application des peines, contrôle judiciaire, police...). Avec une dominante Technicité dans leur profil elles font d'excellents vendeurs de produits techniques, notamment pour les entreprises ou encore de très bons deviseurs (chargés d'établir l'estimation du prix d'un travail) dans le bâtiment, le transport routier ou encore l'industrie graphique et l'imprimerie.

Coopération et Technicité
Ce sont des personnes qui préfèrent travailler dans le domaine de l'organisation ou dans les activités sportives. Elles aiment particulièrement aider ou former les autres par l'exemple. Elles sont particulièrement appréciées pour encadrer des équipes d'ouvriers dans l'industrie ou des groupes de jeunes dans le cadre des loisirs. Elles font, par exemple, d'excellents responsables de centres de loisirs (scoutisme, colonies de vacances, camps d'ados...).

Coopération et Réflexion
Ce sont des personnes qui sont plus intéressées par le comportement des gens que par les idées et les théories. C'est pourquoi elles préfèrent la discussion en petit groupe que les grandes réunions pour trouver des solutions aux problèmes. Ce sont généralement des personnes positives et optimistes qui veulent le meilleur pour chacun. Elles sont particulièrement appréciées dans le domaine de la sociologie, du consulting en ressources humaines ou encore dans l'enseignement ou l'aide au développement personnel.

Coopération et Imagination
Plus représentées chez les femmes que chez les hommes, ces personnes aiment utiliser leurs intuitions et leurs émotions pour apporter de l'aide aux autres. Elles sont peu motivées par l'argent et regardent souvent d'un œil soupçonneux les activités à caractère commercial. Elles souhaitent souvent que le monde change et aiment réunir des groupes de gens pour faire avancer leurs idées. Elles peuvent travailler dans des secteurs comme l'édition,

l'humanitaire, dans des professions liées à la psychologie, l'aide sociale aux plus défavorisés ou le conseil aux personnes (recherche d'emploi, problème de couple, relations parents-enfants...). Proches de la dominante Réflexion, elles font également de très bons journalistes.

5. A comme Action

Principales caractéristiques

Les personnes à dominante Action sont particulièrement douées pour entraîner les autres dans leur sillage. Elles s'expriment avec aisance et aiment utiliser cette facilité d'expression pour vendre (y compris leurs propres idées), dominer et influencer. Elles ont des dons certains pour le leadership et la direction d'équipe et elles éprouvent beaucoup de satisfaction à convertir les autres à leurs opinions. Elles-mêmes se voient populaires bien qu'un peu agressives et autoritaires.
Les personnes à dominante Action stimulent les autres par leur énergie et leur capacité à prendre des risques et des décisions rapides sans tergiversations. Elles sont particulièrement douées pour la direction d'équipe car elles savent déléguer et contrôler les résultats attendus. Elles sont motivées par la compétition et le challenge et sont sensibles à la reconnaissance, au prestige, au statut social et aux avantages matériels. Elles aiment ainsi gagner des récompenses et ne sont, par exemple, pas opposées à un salaire calculé au rendement. En revanche elles ne sont pas toujours solidaires de leur organisation, surtout lorsqu'elles n'y trouvent pas ou plus leur intérêt.
Les personnes à dominante Action ont souvent une aversion pour les activités intellectuelles ou systématiques. De même la précision dans le travail les ennuie rapidement ainsi que, de manière générale, les activités d'observation.

John Holland dit d'elles qu'elles sont : aventureuses, ambitieuses, dominatrices, énergiques, enthousiastes, extraverties, optimistes, pleines de ressources et sociables.

Principales compétences

Les personnes à dominante Action savent prendre position et défendre leurs opinions si nécessaire et elles ont une grande confiance en elles. Elles aiment motiver les autres autour d'une action et sont capables d'enthousiasme et de détermination.
Ambitieuses et persévérantes, les personnes à dominante Action ne se laissent pas arrêter par les difficultés. Elles savent agir « à l'instinct » et au moment opportun.

Mode de communication avec les autres

Les personnes à dominante Action sont volontiers manipulatrices et charmeuses pour amener les autres là où elles le souhaitent. Elles s'intéressent assez peu aux discussions d'ordre intellectuel car elles préfèrent l'action.

Points forts

Nous listons ici les points forts des personnes à dominante Action. Cette liste peut notamment servir de grille de préparation à un entretien d'embauche ou de sélection à une formation.

- Compréhension des attentes et des besoins de tous les membres d'une équipe ou d'un groupe
- Implication dans le développement d'un projet ou d'une entreprise
- Faculté à exploiter tous ses atouts pour progresser
- Prise de position et responsabilité de ses opinions en toutes occasions
- Capacité à prendre des risques
- Bon niveau de confiance en soi et en ses projets
- Prise de décisions rapide
- Création d'un climat propice à la motivation et à la mobilisation de tous, autour d'un projet ou d'une action
- Grande énergie et bonne capacité de travail
- Bon stratège
- Compréhension de la répartition du pouvoir dans un groupe et développement de réseaux de contacts
- Ambition et persévérance
- Capacité d'action même dans les situations conflictuelles
- Grande force de conviction
- Goût des défis
- Capacité à agir d'instinct et au moment propice

Points faibles

Bien connaître ses points faibles est un bon moyen de pouvoir y apporter des solutions. Les informations qui vous sont données ici sont d'ailleurs destinées à vous aider à mieux comprendre les efforts que vous pouvez faire, voire les formations complémentaires que vous pourrez suivre.

Les personnes à dominante Action peuvent rencontrer deux problèmes majeurs : le stress que peut occasionner le fait de trop travailler, et un certain manque de vision à long terme. L'effort pour elles est donc à porter sur l'art des compromis. Il leur faut notamment apprendre à ne pas se lancer tête baissée et à donner une part plus grande à la réflexion. Nous leur conseillons la relecture de la fable du Lièvre et de la tortue « Rien ne sert de courir, il faut partir à point » ainsi que l'apprentissage d'un certain art de vivre, leur permettant de faire un meilleur partage entre vie professionnelle et vie personnelle.
Ils pourront également avec profit se perfectionner dans le domaine de l'art de la négociation, de la gestion prévisionnelle ou encore du management d'équipe si elles souhaitent pouvoir réellement progresser. Elles pourront le faire soit dans le cadre d'une formation complémentaire, soit encore en autoformation, à l'aide des nombreux guides proposés sur ces questions.

Types d'environnements conseillés

Les environnements réunissant en majorité des personnes à dominante Action sont fortement concurrentiels. Les résultats personnels y sont le plus souvent privilégiés, au détriment des résultats collectifs. Ces environnements doivent permettre aux individus d'évoluer et de prendre des responsabilités croissantes.
Les personnes à dominante Action peuvent également diriger des environnements où travaillent des personnes ayant pour dominante l'un des cinq autres types. Elles peuvent, par exemple, diriger une équipe d'administratifs (Méthode), de travailleurs sociaux (Coopération), de consultants (Réflexion), un service après-vente technique (Technicité)...
Le tandem Action et Imagination n'est lui non plus pas rare, le premier commercialisant les créations du second (cas typique de l'agent artistique par exemple).
Au niveau des études, la personne à dominante Action a besoin d'évoluer dans le concret et elle aura donc tout intérêt à choisir un cursus et un environnement lui permettant, par exemple, d'effectuer des stages en entreprises et de suivre des enseignements orientés vers l'action.

Paroles de personnes à dominante Action

« Pour moi le travail c'est la compétition et le montant du salaire a une grande importance. »

« Ma plus grande crainte c'est de rester coincé dans un poste, ne plus avoir de perspective d'évolution. Moi, j'ai envie d'aller très loin. Pour cela je travaille deux fois plus et je n'hésiterai pas si nécessaire à changer d'entreprise. »

« En BTS forces de vente, j'ai eu la chance de faire un stage dans le groupe Accor. C'est là que j'ai découvert ma vraie vocation : convaincre les moins convaincus que c'est tel produit qu'il leur faut et pas tel autre. »

Association avec d'autres dominantes d'intérêts

Rares sont ceux qui ne se rattachent qu'à une seule dominante d'intérêts. Voici les « alliances » fréquentes pour les personnes à dominante Action.

Action et Méthode
Ce sont des personnes qui aiment les résultats tangibles et mesurables et qui sont orientées vers l'action. Ce sont des personnes généralement très douées pour tout ce qui concerne la gestion financière car elles aiment jongler avec les chiffres. Elles ont néanmoins parfois du mal à comprendre les gens qui travaillent avec elles. Elles aiment prendre des décisions et conquérir le pouvoir et sont généralement très appréciées dans le commerce, le marketing ou la direction d'équipe. Ce sont des personnes qui aiment particulièrement la compétition, bien qu'elles sachent parfaitement bien se faire des relations et les cultiver.

Action et Technicité
Ce sont des personnes orientées vers l'action concrète. Elles peuvent diriger des équipes mais leurs préférences vont vers des groupes de gens exerçant des tâches manuelles. Elles aiment définir des objectifs simples et s'y tenir avec le minimum de réunions ou de discussions intermédiaires. Elles préfèrent d'ailleurs

travailler seules en s'installant, par exemple, à leur compte pour gérer un magasin, un garage ou une entreprise personnelle de réparation ou encore de bâtiment et travaux publics.

Action et Réflexion

Assez rares, ces personnes allient la réflexion à l'action. Elles sont très appréciées dans les domaines de la recherche appliquée, du marketing ou encore du développement de nouveaux produits et services. Elles sont plus à l'aise dans les environnements de taille modeste aux structures réduites.

Action et Imagination

Ce sont des personnes plus représentées chez les hommes que chez les femmes. Elles sont expressives et indépendantes et aiment les environnements où l'on peut agir sans trop de contraintes financières ou de délais. Elles préfèrent d'ailleurs travailler seules et recherchent plus la performance individuelle que le travail d'équipe. Elles aiment vendre des produits artistiques et sont appréciées, par exemple, dans la vente d'espaces publicitaires dans la presse écrite ou audiovisuelle. Elles peuvent également se révéler particulièrement efficaces comme agent d'Imagination (parce que très complémentaires) ou encore dans la production artistique, dans les relations publiques, la publicité ou la photographie.

Action et Coopération

Egalement plus représentées dans la population masculine que féminine, ce sont des personnes qui aiment « manager » une équipe ou diriger leur propre entreprise. Elles sont particulièrement à l'aise dans les relations humaines et savent tout à la fois se « vendre » elles-mêmes et vendre les services ou produits d'une entreprise. Elles sont appréciées dans les organisations sociales et humanitaires, notamment lorsque celles-ci doivent trouver leurs propres ressources auprès du public, ou encore dans le tourisme et les loisirs car elles aiment aider les autres en leur indiquant les voies à suivre ou en leur proposant des activités qui leur correspondent. Elles peuvent d'ailleurs être très directives.

6. M comme Méthode

Principales caractéristiques

Les personnes à dominante Méthode aiment les environnements de travail et de formation bien structurés. Elles détestent les situations ambiguës et aiment par-dessus tout savoir ce que l'on attend d'elles. Elles acceptent l'autorité et sont parfaitement à l'aise dans des structures de type administratif. C'est pourquoi elles se comportent très bien dans les grandes entreprises et organisations (compagnies d'assurance, banques, fonction publique...). Elles ne recherchent pas le pouvoir et ont horreur de prendre des risques inutiles.
Les personnes à dominante Méthode sont bien sûr des adeptes de la tradition et elles recherchent en permanence la meilleure façon de faire les choses. Lorsqu'elles la trouvent elles ont tendance à ne plus en changer. C'est pourquoi elles sont le plus souvent considérées comme des personnes stables et fiables dans une entreprise.

John Holland dit d'elles qu'elles sont : compétentes, introverties, conformistes, maîtresses d'elles-mêmes et calmes, peu imaginatives, consciencieuses, méthodiques, disciplinées, pratiques, conservatrices, soigneuses, tenaces et obstinées.

Principales compétences

Les personnes à dominante Méthode sont capables de respecter les consignes données et savent collaborer dans le cadre d'un travail en commun. Elles ne sont pas effrayées par des tâches répétitives et aiment mener un travail jusqu'à son terme.
Elles aiment planifier, organiser et assurer le suivi d'un travail d'équipe sans pour autant avoir besoin d'être « le chef ». Elles se sentent, en effet, plus rassurées lorsqu'elles peuvent se référer à une instance supérieure et à des règles pré-établies.

Mode de communication avec les autres

Les personnes à dominante Méthode détestent les situations conflictuelles. Elles sont plutôt conformistes et respectueuses de la hiérarchie. Elles aiment l'ordre et ont parfois du mal à s'entendre avec les personnes brouillonnes (les personnes du pôle imagination par exemple). Elles sont beaucoup plus attirées par les personnes consciencieuses, méthodiques et à l'esprit pratique.

Points forts

Nous listons ici les points forts des personnes à dominante Méthode. Cette liste peut notamment servir de grille de préparation à un entretien d'embauche ou de sélection à une formation.

• Sens du détail et du travail bien fait
• Respect des règles établies
• Honnêteté et loyauté vis-à-vis de son entreprise
• Autodiscipline
• Efficacité dans son travail même face à des tâches répétitives,
• Souci de la qualité de son travail
• Partage de ses connaissances avec les autres
• Bonne gestion de son temps et de ses moyens pour atteindre l'objectif fixé
• Implication dans son travail
• Persévérance, y compris face aux difficultés
• Sens du devoir
• Ordre et soin de son matériel de travail
• Capacité à planifier le travail d'une équipe et en assurer le suivi
• Rigueur dans son travail

Points faibles

Bien connaître ses points faibles est un bon moyen de pouvoir y apporter des solutions. Les informations qui vous sont données ici sont d'ailleurs destinées à vous aider à mieux comprendre les efforts que vous pouvez faire, voire les formations complémentaires que vous pourrez suivre.
La principale difficulté des personnes à dominante Méthode est sans conteste une certaine résistance au changement. Elles s'en tiennent souvent à l'expérience acquise et ont de réelles difficultés à utiliser de nouvelles façons de voir ou de nouvelles méthodes de travail. Dans un monde professionnel où le changement semble devenu le maître mot cela peut être gênant. Les personnes à dominante Méthode, hommes et femmes de l'organisation, risquent d'être prises à leur propre jeu. En effet, au moins autant que les technologies, les modes d'organisation évoluent de plus en plus vite.

C'est pourquoi elles devront faire un effort particulier pour être plus ouvertes et, si possible, plus créatives ; développer leur capacité à prendre des décisions personnelles mais aussi des risques, être plus persuasives en sachant écouter leurs instincts, et enfin être plus créatives : autant de domaines à investir pour des personnes qui, par ailleurs, ne manquent ni d'ambition ni de sens de la collectivité.
Enfin, toutes les études montrent que lorsque le changement est compris par les personnes de type Méthode, ce sont souvent elles qui se montrent les plus aptes à diffuser les nouvelles méthodes à l'ensemble de l'entreprise ou du groupe.

Types d'environnements conseillés

Les environnements réunissant une majorité de personnes à dominante Méthode sont généralement des environnements, de travail ou de formation, où les règles sont clairement établies. Malgré une nette préférence pour les grandes entreprises, les personnes à dominante Méthode s'adaptent à tous les types d'entreprises pour peu que ceux-ci soient très structurés. On les retrouve ainsi dans tous les environnements administratifs que ce soit dans le privé ou le public.

Paroles de personnes à dominante Méthode

« Une fois embauchée par mon entreprise, je me suis vite aperçue que tout ce qu'on nous avait appris sur les bancs de l'école n'était pas vraiment la meilleure façon de faire. Il y a un fossé important entre la théorie et la pratique. »

« Au départ j'étais plutôt perdu, je ne comprenais pas du tout comment fonctionnaient les choses et ce que l'on attendait de moi. Je ne saisissais pas toutes les règles. Maintenant ça va mieux et je me suis adapté. »

« Moi, ce que je n'aime pas dans le travail que je fais, c'est que nous avons un chef qui ne sait pas toujours ce qu'il veut. Un jour c'est comme ça, le lendemain c'est autrement. A la longue c'est vraiment usant et ça ne permet pas toujours d'être efficace dans son travail. »

Association avec d'autres dominantes d'intérêts

Rares sont ceux qui ne se rattachent qu'à une seule dominante d'intérêts. Voici les « alliances » fréquentes pour les personnes à dominante Méthode.

Méthode et Technicité

Ce sont des personnes particulièrement stables et à l'esprit pratique. Elles ont besoin d'avoir des objectifs clairs et bien définis et d'un minimum de discussion et d'interaction avec les autres. Elles aiment planifier leur journée de travail avec le moins d'imprévus et d'interruptions possibles. Les « petits nouveaux » ont besoin de faire leurs preuves avant de pouvoir être acceptés par ce type de personnalités qui préfèrent d'ailleurs travailler seules comme, par exemple, dans des tâches de contrôle administratif. Elles sont d'excellents collaborateurs d'entreprises de bâtiment, de transport routier, d'imprimerie ou d'entreprises artisanales (de préférence dans l'administration).

Méthode et Réflexion

Ce sont des personnes qui ont particulièrement besoin d'être reconnues dans leur domaine de spécialité. Elles sont très douées pour les prévisions et les études statistiques et sont donc très appréciées dans les domaines de l'assurance, du calcul de risque (bourse, commerce international, services financiers...), de la banque et, de manière générale, de la finance. Enfin ce sont des personnes qui préfèrent se focaliser sur une tâche ou un projet précis.

Méthode et Imagination

Ce sont des personnes que l'on rencontre plutôt rarement (moins de 0,1 % de la population d'après des études américaines), les deux dominantes étant plutôt antinomiques. Il est en revanche fréquent de trouver cette association en sous-dominante. Par exemple une personne à dominante Coopération forte et « étale » sur les dominantes Imagination et Méthode. Ce sont alors des personnes qui savent utiliser leur imagination pour mettre au point, par exemple, des méthodes de travail plus efficaces. Elles sont appréciées dans le domaine de la conservation des œuvres d'art et font, dit-on, d'excellents « média planners » (acheteurs d'espaces publicitaires pour le compte d'agences de publicité ou pour des entreprises annonceuses).

Méthode et Coopération

Ce sont des personnes qui aiment le travail d'équipe lorsque les objectifs sont clairement définis. C'est certainement pourquoi elles préfèrent les grandes entreprises ou organisations aux petites structures. Elles sont très appréciées dans le domaine de la communication interne, de la formation aux techniques administratives ou encore dans les agences bancaires. Elles adorent travailler avec ou pour autrui et se voir confier des tâches qui demandent de la précision et des règles du jeu claires et précises. C'est pourquoi elles sont également recherchées dans les organismes sociaux et dans tout le domaine parajudiciaire (administration pénitenciaire, application des peines, contrôle judiciaire, police...). Avec une dominante Technicité dans leur profil elles font d'excellents vendeurs de produits techniques, notamment pour les entreprises ou encore de très bons deviseurs (chargés d'établir l'estimation du prix d'un travail) dans le bâtiment, le transport routier ou encore l'industrie graphique et l'imprimerie. Elles peuvent enfin faire de très bons chargés de clientèle dans la grande distribution par exemple.

Méthode et Action

Ce sont des personnes qui aiment les résultats tangibles et mesurables et qui sont orientées vers l'action. Ce sont des personnes généralement très douées pour tout ce qui concerne la gestion financière car elles aiment jongler avec les chiffres. Elles font généralement d'excellents « seconds » pour un chef d'entreprise car elles sont respectueuses de la hiérarchie tout en aimant le pouvoir et savent être diplomates lorsque cela est nécessaire.

7. Comparaison des six grands pôles d'intérêts

Les six grands groupes d'intérêts sont, en partie, en opposition. Ainsi les personnes des pôles Imagination, Coopération et Action sont-elles généralement plus extraverties. Elles ont tendance à considérer comme plus important leur « savoir être » que leur savoir-faire.
A l'inverse, les personnes des pôles Méthode, Technicité et Réflexion sont, elles, souvent introverties et accordent plus d'importance au savoir-faire qu'au « savoir être ».

Enfin, chaque groupe a plus ou moins son contraire.
Les personnes à dominante Technicité ne sont pas très coopératives et vice-versa. Les personnes à dominante Méthode ne sont pas très créatives, tandis que les personnes du pôle Imagination ne sont pas ordonnées et n'ont que peu le sens du détail. Enfin, les personnes à dominante Action s'opposent à celles du pôle Réflexion car elles sont moins « intellectuelles » et plus portées vers l'action.

Vous trouverez dans les pages suivantes un résumé des différences entre les six profils.

TECHNICITE

Qui suis-je ?

J'aime le bel ouvrage

Ma question favorite

Comment on fait ?

Les verbes que j'utilise le plus

Concrétiser, réaliser, terminer, progresser

Ma devise

« *Un tiens vaut mieux que deux tu l'auras* »

Mon péché mignon

Un certain manque de communication

RÉFLEXION

Qui suis-je ?

Je préfère la réflexion à l'action

Ma question favorite

Comment ?

Les verbes que j'utilise le plus

Comprendre, réfléchir, prévoir, inventer

Ma devise

« *Je pense donc je suis* »

Mon péché mignon

Pas assez concret

IMAGINATION

Qui suis-je ?

J'aime trouver des solutions originales et nouvelles

Ma question favorite

Pourquoi pas ?

Les verbes que j'utilise le plus

Imaginer, créer, rêver, douter

Ma devise

« *Qu'importe le flacon pourvu qu'on ait l'ivresse* »

Mon péché mignon

Trop passionné

COOPÉRATION
Qui suis-je ?
Je suis très attentif aux autres
Ma question favorite
Pour qui ?
Les verbes que j'utilise le plus
Aider, en parler, transmettre, convaincre
Ma devise
« *Un pour tous, tous pour un* »
Mon péché mignon
Très influençable

ACTION
Qui suis-je ?
J'aime prendre des décisions
Ma question favorite
Pourquoi pas maintenant ?
Les verbes que j'utilise le plus
Agir, vouloir, diriger, gagner
Ma devise
« *Quand on veut, on peut* »
Mon péché mignon
Un peu autoritaire

MÉTHODE
Qui suis-je ?
J'ai le sens du devoir
Ma question favorite
Dans quel but ?
Les verbes que j'utilise le plus
Faire, appliquer, appartenir, adhérer
Ma devise
« *A chaque jour suffit sa peine* »
Mon péché mignon
Un peu casanier

PARTIE V

UN TEMPS POUR TOUT

1. Les étapes de la vie professionnelle

Une vie professionnelle n'est pas, contrairement à ce que l'on pense souvent, une suite d'événements dépendant du seul hasard des rencontres. Nos intérêts dans la vie nous guident et nous déterminent, parfois sans que nous nous en rendions compte, dans nos choix. Par ailleurs, les progressions en âge et en expérience sont autant d'étapes qui structurent et orientent notre parcours professionnel.

Cette partie vous propose une véritable plongée dans votre avenir à travers l'expérience de gens qui vous ont précédé. Il nous a semblé, en effet, que mieux connaître les différentes étapes d'une vie professionnelle vous aiderait à augmenter vos chances de réussite, notamment en prenant mieux conscience que le doute est un élément moteur plus qu'un frein.

Six grandes étapes

Cette partie a été réalisée grâce à une recherche dirigée par une spécialiste de l'orientation professionnelle, Danielle Riverin-Simard, de l'université Laval au Québec.
Elle a ainsi découvert que les centres d'intérêts des personnes restaient très stables tout au long de la vie même si chacun avait tendance, au fil du temps, à mieux comprendre la manière de « fonctionner » des autres et à s'ouvrir aux différences. Comparant la vie professionnelle à une suite de voyages planétaires et interplanétaires, elle a ainsi pu délimiter six grandes étapes d'évolution professionnelle, elles-mêmes regroupées en deux phases principales.

Entre 23 et 37 ans, on explore la « planète travail ». C'est aussi une phase de découverte de soi.

• De 23 à 27 ans, le nouvel arrivant s'interroge (« *Comment arriverai-je à faire correspondre l'idée que je me fais de cette planète et la façon d'y vivre ?* »). La « planète alternance » peut, pour certains profils (voir ci-après) rendre les manœuvres plus faciles. L'arrivant veut donner un sens à sa vie au travail et il peut ressentir l'envie de plier bagage pour changer de site dans la zone d'apprentissage.
• De 28 à 32 ans, c'est la recherche d'un chemin prometteur, une période de doute intense au cours de laquelle on s'interroge sur sa

vraie valeur. Plus conscient de ses intérêts vocationnels, on est davantage préoccupé par ses capacités et ses compétences. C'est le moment où la formation professionnelle peut être utilisée pour approfondir et actualiser ses connaissances.

• De 33 à 37 ans, c'est à la fois l'âge où l'on donne le maximum de soi-même et celui où l'on se trouve confronté à une certaine concurrence pour l'obtention des meilleurs postes. La formation professionnelle peut, là encore, jouer un rôle déterminant pour « faire la différence ».

Entre 38 et 52 ans, on reprend son vaisseau spatial pour une circonvolution orbitale au-dessus de la « planète travail ». Il s'agit de trouver sa vraie voie mais, cette fois, en explorateur expérimenté.

• De 38 à 42 ans, c'est une époque de transition. Certains se sentent « piégés », d'autres veulent profiter de leur maturité, pendant que d'autres deviennent plus tolérants vis-à-vis du travail. C'est le moment pour certains d'une reconversion parfois spectaculaire.

• De 43 à 47 ans, capable d'utiliser le « pilotage automatique » grâce à l'expérience acquise, on se lance dans une réflexion sur le fil conducteur de son histoire professionnelle. C'est aussi souvent l'époque où l'on commence à aimer partager son expérience avec des plus jeunes.

• De 48 à 52 ans et plus, c'est l'âge auquel on aime participer à des groupes de réflexion ou à des colloques sur son métier ou sa sphère d'expérience. L'âge également où l'on apprécie les responsabilités notamment dans la gestion d'équipe.

Chaque type dominant de personnalité a sa manière bien à lui de vivre chacune de ces six étapes de la vie professionnelle. C'est ce que nous vous proposons de découvrir maintenant. Il est inutile de répéter que personne ne relève d'une seule dominante et qu'il vous faut donc lire les informations correspondantes aux deux ou trois dominantes qui vous correspondent pour, ensuite, en faire la synthèse.

2. La vie professionnelle des personnes à dominante Technicité

De 23 à 27 ans
Elles ont tendance à se conformer aux attentes du monde du travail. L'alternance emploi-formation (apprentissage, contrat de qualification...) est pour elles une voie intéressante, d'autant qu'elles accordent beaucoup d'importance à l'opinion des « anciens ».
Les différentes formations de préparation à l'emploi (AFIJ, ANPE, Apec, Maisons pour l'emploi...) peuvent également être de nature à les rassurer et les aider à vivre cette période un peu difficile pour elles.

De 28 à 32 ans
Elles sont à la recherche d'un « chemin prometteur ». Elles souhaitent se réorienter vers une activité dans laquelle elles pourront donner leur pleine mesure. Elles n'hésitent pas à se perfectionner, y compris en cours du soir ou par correspondance. Des organismes comme le Cnam (Centre national des arts et métiers) sont particulièrement bien adaptés à leurs attentes.

De 33 à 37 ans
Elles prennent conscience que, pour voir leurs compétences reconnues, il est nécessaire d'apprendre à gérer un budget, une équipe... Elles intensifient leurs efforts en adoptant un rythme de travail souvent très soutenu.
C'est souvent le moment, pour les ingénieurs et les cadres techniques d'une formation à la gestion, comme un MBA.

De 38 à 42 ans
Le moment est venu pour elles de se « poser ». Leurs besoins de formation concernent désormais leurs compétences de base, pour éviter d'être dépassées. L'auto-formation suffit parfois.

De 43 à 47 ans
Elles se sentent au sommet de leurs compétences techniques. Si elles sont confrontées à un licenciement, elles ont tout intérêt à opter pour une formation qualifiante, voire l'obtention d'un diplôme élevé pour mettre en adéquation expérience acquise et niveau de formation.

De 48 à 52 ans et plus

Plus confiantes dans leurs compétences, elles s'informent activement sur les évolutions de leur secteur d'activité, tout en donnant une place plus importante à leur vie personnelle.

3. La vie professionnelle des personnes à dominante Réflexion

De 23 à 27 ans
C'est pour elles l'époque de la multiplication des expériences et elles vivent leur insertion professionnelle comme une véritable « création » et un perfectionnement permanent. Elles sont très friandes d'informations sur leur secteur professionnel, elles dévorent la presse spécialisée et ne manquent aucun salon professionnel.
Elles s'intéressent également beaucoup au mode d'organisation de leur entreprise et de son secteur d'activité.

De 28 à 32 ans
Elles s'ennuient dans leur travail et envisagent des changements. Leur besoin d'apprendre des choses nouvelles peut les conduire à suivre des formations spécialisées, dans leur domaine de compétence ou dans des domaines proches et complémentaires. Elles peuvent aussi souhaiter jouer la mobilité professionnelle pour renouveler leur motivation au travail. C'est l'époque où les techniciens supérieurs visent un diplôme d'ingénieur par la formation continue.

De 33 à 37 ans
Elles cherchent à accumuler les compétences pour faire avancer leur carrière et ont le sentiment que les choses évoluent de manière significative, tant sur le plan professionnel que familial. Elles ont tendance à conjuguer le verbe vouloir au conditionnel et le verbe compter à l'imparfait. Elles naviguent entre impatience et réalisme.
Pour les ingénieurs le moment est souvent venu de suivre une formation en gestion et/ou management comme par exemple un MBA.

De 38 à 42 ans
Elles s'appuient désormais sur leurs expériences passées pour envisager l'avenir avec optimisme. Elles se lancent à corps perdu dans la formation car elles ont conscience que cesser d'apprendre, c'est prendre le risque de perdre leur motivation au travail et leurs possibilités d'évolution.

De 43 à 47 ans
Elles se sentent au sommet de leurs compétences même si elles n'ont pas renoncé à « l'apprentissage permanent », dont elles découvrent qu'il est leur vrai moteur. Elles ne détestent pas travailler avec des gens plus jeunes et aiment se mesurer à leur talent. C'est à cet âge que les métiers de consultants peuvent être pour elles à la base d'un nouveau départ.

De 48 à 52 ans et plus
Leurs compétences sont de plus en plus reconnues et on fait appel à elles pour rédiger des textes dans des revues spécialisées, pour participer à des colloques ou pour réaliser des formations. Elles se sentent un peu comme des « vieux sages ».

4. La vie professionnelle des personnes à dominante Imagination

De 23 à 27 ans

Le « savoir être » leur apparaît comme plus important que les simples compétences techniques. Elles se sentent souvent en décalage avec le monde professionnel : comment prouver leur talent alors qu'elles ne peuvent encore justifier d'aucune ou de peu d'expériences ?

Les périodes de découragement alternent avec les périodes d'enthousiasme et leurs relations avec les autres ne sont pas toujours simples.

Elles changent fréquemment d'emploi. Si elles n'ont pas de compétences techniques particulières, elles ont tendance à « se chercher », éventuellement par la formation (poursuites d'études, stages de formation, alternance emploi-formation).

De 28 à 32 ans

Elles sont très critiques (« *On ne peut vraiment rien faire de neuf dans cette boîte* ») ou totalement indifférentes aux contraintes de l'entreprise qui les emploie. C'est souvent l'époque où elles se tournent vers la formation, soit pour actualiser leurs connaissances, soit pour entreprendre une reconversion vers un secteur où elles pourront plus facilement, leur semble-t-il, exprimer leur créativité et se servir de leur capacité d'imagination.

De 33 à 37 ans

Elles hésitent encore : « *Qu'est-ce je veux vraiment... Qui suis-je... Quel pourrait être mon vrai rôle dans la société qui m'emploie... ou ailleurs ?* ». C'est à cet âge que certains « artistes » décident de s'installer à leur compte (pour l'indépendance) ou repartent vers une formation (stage AFPA, par exemple).

De 38 à 42 ans

Leur jeunesse les poursuit. Elles font passer la satisfaction dans le travail avant les avantages socio-économiques. Si elles ont la chance d'avoir un emploi qui leur permet d'être créatives, elles ont bien du mal à faire la différence entre-temps de travail et vie personnelle. L'autonomie d'action est ce qu'elles recherchent par-dessus tout.

De 43 à 47 ans

Elles deviennent plus réalistes et acceptent de faire la part entre l'économique et leur besoin d'inventer. Elles sont moins retorses qu'auparavant et acceptent plus facilement de côtoyer des gens qui peuvent les aider à avancer. Elles prennent conscience de leurs carences, en matière d'organisation notamment.

De 48 à 52 ans et plus

Elles acceptent pleinement leur spécificité et ont parfois tendance à jouer les Pygmalions auprès de jeunes ayant le même type de personnalité vocationnelle qu'elles. Certaines d'entre elles deviennent formateurs.

5. La vie professionnelle des personnes à dominante Coopération

De 23 à 27 ans
Elles recherchent un climat de travail harmonieux et donnent plus d'importance aux relations humaines qu'aux compétences techniques. Si les contacts avec leurs collègues de travail ou la direction sont trop rares, elles n'hésitent pas à changer d'emploi.

De 28 à 32 ans
Pour améliorer encore leurs compétences en matière de communication ou pour trouver un secteur d'emploi plus propice, elles se lancent dans la formation complémentaire. Suivant les cas elles choisissent une formation longue (Léo Lagrange, CEMEA, AFPA...) ou, au contraire, une suite de formation courtes.

De 33 à 37 ans
Elles ressentent une certaine impatience et il leur semble parfois que le temps passe trop vite pour leur permettre de réaliser leurs objectifs. D'autant plus qu'elles sont convaincues que plus elles pourront monter dans l'échelle sociale et plus elles seront utiles aux autres. Cela les amène parfois à fonctionner par défi. Elles estiment de plus en plus « rentable » le temps qu'elles consacrent à écouter les autres.

De 38 à 42 ans
Elles sont de plus en plus confiantes dans leurs capacités et elles prennent conscience que meilleures sont leurs relations avec les autres et plus elles se sentent motivées. Elles apprécient de plus en plus une activité de formateur. Elles attachent parallèlement une importance grandissante à la famille et aux amis.

De 43 à 47 ans
Elles vivent une transition en prenant pleinement conscience que ce qui les a toujours fait progresser dans leur vie professionnelle tient plus au collectif qu'à l'individuel. Dans le même temps elles estiment souvent que leur sens des relations humaines n'est pas assez pris en compte par la structure dans laquelle elles travaillent. Ce faisant elles se retrouvent à la croisée de plusieurs possibilités : soit se désengager, en travaillant moins et en consacrant plus de temps aux activités extérieures, soit, au contraire, mettre plus en

valeur leurs actions en leur donnant un caractère visible et explicite. C'est à l'âge auquel elles se lancent parfois dans de grands projets de réforme impliquant un grand nombre de gens.

De 48 à 52 ans et plus

Toujours fortement motivées par les relations humaines, elles sont néanmoins plus réalistes dans les situations de travail et leur besoin de changer le monde est moins grand. C'est à cet âge, par exemple, que certains professionnels des ressources humaines prennent des responsabilités dans la gestion ou le commercial. D'autres deviennent consultants indépendants.

6. La vie professionnelle des personnes à dominante Action

De 23 à 27 ans

Quel que soit leur domaine de compétence, leur « savoir être » leur paraît primordial lors de leur entrée dans le monde du travail. Elles vivent celui-ci comme une compétition où seuls les meilleurs ont leur place. Cela leur correspond bien car elles aiment les défis. Elles multiplient les expériences et n'hésitent pas à suivre une ou plusieurs formations complémentaires pour marquer leur différence.

De 28 à 32 ans

Bien implantées dans une entreprise, elles visent l'accès au pouvoir. Si, d'aventure, elles s'ennuient dans leur emploi, elles n'hésitent pas alors à rechercher un milieu plus favorable à la réalisation de leurs ambitions. Il se peut, enfin, qu'elles optent pour la création de leur propre entreprise.

De 33 à 37 ans

La planification de leur carrière est de plus en plus importante et elles ne manquent pas une occasion de mettre en valeur leurs compétences. Elles considèrent les formations courtes, dans les organismes renommés (Insead, Cegos, IFG) ou encore les formations continues dans les écoles de commerce, comme un vrai plus. On les considère parfois comme des bourreaux de travail, même si elles savent se ménager des poses pour se faire de nouvelles relations.

De 38 à 42 ans

Elles redoublent d'efforts pour persuader les autres plutôt que de se laisser convaincre de quoi que ce soit car la confiance en elles est leur valeur repère. Elles multiplient les contacts dans leur secteur professionnel pour être certaines de ne rater aucune information stratégique.

De 43 à 47 ans

Elles ressentent un grand stress (« *Et si je n'étais plus capable de donner le meilleur de moi-même ?* »). Elles souhaitent consacrer plus de temps à la réflexion et au travail intellectuel, activités qu'elles avaient jusqu'ici plutôt délaissées. Elles optent pour l'autoformation, par la lecture d'ouvrages de références, et elles assistent à des colloques et à des réunions d'experts.

De 48 à 52 ans et plus

A l'esprit d'aventure et à leurs grandes capacités de persuasion est venue s'ajouter la force de l'expérience. Elles prennent conscience qu'au-delà de leur « savoir être », elles ont acquis un véritable savoir-faire et elles cherchent à le valoriser au maximum, en créant ou en reprenant une entreprise, ou en optant pour le statut de consultant.

7. La vie professionnelle des personnes à dominante Méthode

De 23 à 27 ans
Le plus souvent dotées d'une compétence technique, elles sont surprises de l'écart qui existe entre ce qu'elles ont appris à l'école et la réalité dans l'entreprise. L'alternance emploi-formation (apprentissage, contrat de qualification...) leur permet parfois d'éviter de se sentir en décalage. Elles deviennent généralement rapidement un collaborateur ou une collaboratrice apprécié(e), grâce aux sérieux qu'elles mettent dans leur travail.

De 28 à 32 ans
Elles souhaitent se perfectionner pour être plus efficaces encore dans leur travail. Elles choisissent les cours du soir (ceux du Cnam ou ceux proposés par les chambres de commerce et d'industrie) ou par correspondance qui leur permettent de grimper les échelons. Elles sont de plus en plus appréciées car ce sont des personnes très stables et qui s'impliquent rarement dans les relations conflictuelles inhérentes à toute entreprise.

De 33 à 37 ans
Elles veulent être reconnues dans leur travail et sont ainsi prêtes à fournir beaucoup d'efforts, notamment en terme d'investissement en temps. Elles ressentent une urgence. Il leur reste pourtant à régler une certaine contradiction : elles souhaitent plus de responsabilités tout en restant dans une certaine routine.

De 38 à 42 ans
Elles hésitent entre continuer à se reposer principalement sur leurs acquis et développer leur « savoir être » pour devenir un soutien aux autres salariés de l'entreprise dans laquelle elles travaillent. Elles sont alors un peu désorientées et parfois stressées.

De 43 à 47 ans
Elles vivent un véritable tournant en découvrant rétrospectivement que le fil conducteur de leur vie professionnelle a toujours été de soutenir la ou les entreprises pour lesquelles elles ont travaillé. Et ce, malgré une apparence parfois peu communicative et, peut-être aussi, un certain manque de confiance en elles.

De 48 à 52 ans et plus

La formation et le soutien aux nouveaux salariés de l'entreprise, voire leur recrutement, est une activité qui les intéresse de plus en plus. Elles sont devenues, au fil des ans, des salariés de référence.

PARTIE VI

LES FORMATIONS OÙ VOUS AUREZ LE PLUS DE CHANCES DE RÉUSSITE

Certains préfèrent raisonner emploi, d'autres, filières de formation. Les uns et les autres trouveront leur bonheur puisque, à partir des résultats aux tests, nous vous proposons ces deux approches, qui sont bien sûr complémentaires.

Dans la présente partie vous trouverez, en fonction de votre profil, une sélection des formations où vous aurez le plus de chances de réussite. Dans cette optique il va vous falloir utiliser l'ensemble des dominantes de votre profil et, tout particulièrement, les trois premières lettres, dans l'ordre d'arrivée ou non. Si vos résultats ne sont pas aussi tranchés, c'est-à-dire si une ou plusieurs lettres arrivent ex-æquo, pas d'inquiétude. Il vous suffira alors de regarder alternativement les différents codes (groupes de 3 lettres dominantes) susceptibles de vous correspondre. Il serait de toute manière étonnant, si vous avez répondu sincèrement aux différents questionnaires que les différents codes possibles soient totalement contradictoires. De la même manière, recherchez l'information en utilisant vos dominantes dans tous les sens possibles. Par exemple, si vos dominantes sont CAM (Coopération + Action + Méthode), regardez à CAM mais aussi à ACM ou AMC ou encore MAC ou MCA.
Dans tous les cas, le but de l'exercice n'est certainement pas de trouver l'unique formation que vous êtes susceptible de suivre, mais l'ensemble de celles qui s'offrent à vous.

Personne n'est prédestiné à une formation et une seule. Il s'agit plutôt de vous aider à établir une gamme de choix possibles. L'objectif sera atteint si, une fois ce livre terminé, vous avez sélectionné entre cinq et dix possibilités, en ayant bien compris la raison de ce choix par rapport à vos goûts et vos centres d'intérêts. Il vous restera alors sûrement à prendre en compte d'autres aspects, par exemple : vos résultats scolaires, votre envie et vos capacités à suivre des études longues ou courtes, votre mobilité (dans le cas où les formations qui vous intéressent ne seraient pas proposées dans votre région), votre budget... L'important est surtout de ne pas se lancer dans une filière où vos chances de réussite seraient limitées. Pour le reste, la vie professionnelle se chargera de vous offrir des opportunités que vous ne soupçonnez pas aujourd'hui.

Bon à savoir : les éditions Studyrama publient une collection de guides pratiques (dont vous avez un exemplaire en mains) consacrés aux études et aux métiers. Vous trouverez la liste des publications (disponibles dans toutes les librairies) sur le site internet : www.studyrama.com

1. Les attirances en termes de formation

• La personne à dominante Technicité a besoin de concret, aime la technique ; préfère l'enseignement en petit groupe et de préférence, passant par la pratique ; peut trouver sa voie par l'alternance emploi-formation (apprentissage, contrat de qualification).

• La personne du pôle Réflexion a besoin de théorie et de réflexion ; préfère l'enseignement dispensé par des experts et à un groupe d'élèves homogènes en terme de niveau de connaissance ; n'aime pas beaucoup les formations trop techniques, sauf si son profil est, par ailleurs, associé à une sous-dominante Technicité.

• La personne à dominante Imagination a besoin d'une certaine dimension esthétique et qu'une part de l'enseignement soit laissée à l'initiative personnelle ; préfère les environnements de formation peu structurés et au milieu de « condisciples » à l'esprit ouvert ; n'aime pas les établissements trop stricts.

• La personne du pôle principal Coopération a besoin d'un travail en équipe et d'un enseignement permettant la discussion ouverte et cordiale ; ses profs doivent être des gens ouverts ; n'aime pas beaucoup les formations trop techniques ou scientifiques.

• La personne à dominante Action a besoin d'une formation réputée et pas trop théorique ; les stages en entreprise et la possibilité de réaliser des actions concrètes en cours d'études (associations d'élèves, organisations d'événements...) ont une grande importance pour elle ; il peut trouver sa voie par l'alternance emploi-formation (apprentissage ou contrat de qualification dans le domaine du commercial).

• La personne à dominante Méthode aime tout ce qui est administratif et a besoin d'un environnement de formation bien structuré ; préfère les établissements organisés et dont la réputation est faite ; peut trouver sa voie par l'alternance emploi-formation (apprentissage ou contrat de qualification dans les secteurs tertiaires).

2. T comme Technicité

Les personnes à dominante Technicité réussissent particulièrement bien dans toutes les filières techniques, notamment en bac + 2 (DUT, BTS). Elles peuvent également s'orienter avec beaucoup de chances de succès vers des études de paysagisme, d'éducation physique, de biologie (orientée laboratoire) ou encore d'ingénieur d'application. Plus forte est votre dominante Technicité, plus vous aurez intérêt à vous diriger vers des filières techniques.

Voici une liste, non exhaustive, de formations pour les différentes compositions possibles.

TRI (Technicité + Réflexion + Imagination)

Plusieurs formations professionnelles, avant le bac, vous permettent de vous préparer aux métiers des arts graphiques et de l'imprimerie ou, encore, en reliure-dorure, restauration de meubles anciens, bijouterie, joaillerie, orfèvrerie, ébénisterie, marqueterie, tapissier d'ameublement, menuiserie, encadrement, facture instrumentale... Un passage par la chambre des métiers de votre département pourrait être efficace.

BTS

Dans les spécialités suivantes :

- Assistant en création industrielle
- Conception de produits industriels
- Conception et réalisation de carrosserie
- Art céramique
- Art textile et impression
- Expression visuelle, deux options : espaces de communication (aménagements de points de vente et stands d'exposition) et images de communication (réalisation de logo et travaux de pré-presse chez les imprimeurs)
- Industries graphiques, option productique graphique
- Audiovisuel, option exploitation des équipements audiovisuels ; montage ; image ; son
- Plasticien de l'environnement architectural
- Photographie

- Audiovisuel
- Etude et réalisation d'outillage de mise en forme de matériaux
- Construction navale
- Podo-orthésiste
- Prothésiste-orthésiste
- Technique du textile
- Techniques de la confection
- Systèmes constructifs bois et habitat
- Productique bois et ameublement
- Industrie du cuir
- Industries céramiques
- Opticien lunetier

Ecoles d'ingénieurs, de commerce et spécialisées

Certaines d'entre elles proposent, par exemple, des études complémentaires en 3e cycle dans le domaine du design industriel : Ecole des Mines de Douai, Ecole nationale supérieure de chimie de Lille ou encore l'Institut supérieur de design de Valenciennes.

Certaines écoles de commerce qui proposent des spécialisations en marketing industriel. L'Ecole supérieure de commerce technologique de Toulon est un cas à part, elle propose une formation en deux ans aux titulaires d'un bac + 2 dans le domaine technique.

Plusieurs écoles proposent des formations supérieures dans le domaine de l'architecture d'intérieur ou des arts appliqués comme :
- l'Institut professionnel des métiers de la décoration (IPMD), Paris
- l'Ecole supérieure des arts et techniques (ESAT), Paris
- le Centre de formation technologique Grégoire (CFT), Paris
- l'Ecole supérieure des arts appliqués et des métiers d'art Duperré (ESAAD), Paris
- l'Ecole nationale supérieure des arts appliqués et des métiers d'art (ENSAAMA), Paris
- l'Ecole supérieure d'ébénisterie d'Avignon (ESEA), Avignon (84)
- l'Ecole des mouleurs-décorateurs, Auvers-sur-Oise (95)
- la Manufacture nationale de Sèvres (porcelaine), Sèvres (92)
- le lycée professionnel de l'ameublement, Saint-Quentin (02)
- l'Ecole départementale d'art appliqué de la Gironde, Bordeaux (33)
- l'Ecole des arts appliqués, Poitiers (86)

Filières universitaires

• Licences et maîtrises : Audiovisuel (Arts et technologie de l'image, Paris VIII) et arts appliqués (Bordeaux III, Corte, Paris I, Strasbourg II, Toulouse II, Nîmes).
• Maîtrises de sciences et techniques (MST) : Art-audiovisuel (Valenciennes, Brest, Aix-Marseille I, Paris VIII) ; Arts et techniques industrielles du bois et de l'ameublement (Besançon).

TRC (Technicité + Réflexion + Coopération)

Il existe de très nombreuses spécialités en mécanique, électronique et électrotechnique du CAP au bac professionnel (généralement en apprentissage). Pensez aux CFAI qui dépendent de la Fédération de la métallurgie ou encore à l'Anfa (Association nationale de formation pour l'automobile).

BTS

Dans les spécialités suivantes :
• Assistant technique d'ingénieur
• Etudes et réalisation d'outillage de mise en forme des matériaux
• Maintenance industrielle
• Productique mécanique
• Electrotechnique
• Mécanique et automatismes industriels
• Electronique
• Bâtiment
• Enveloppe du bâtiment : façades et étanchéités
• Equipement technique énergie
• Biophysicien
• Chimiste
• Biotechnologie
• Génie optique
• Industrie céréalière (uniquement préparé à l'ENSMIC de Paris, un des centres les plus réputés au monde pour la meunerie)
• Analyses agricoles, biologiques et biotechnologiques
• Productions aquacoles
• Maintenance industrielle

DUT

Dans les spécialités suivantes :
• Génie électrique et informatique industrielle
• Biologie appliquée, options agronomie, diététique et industrie alimentaire
• Génie chimique, options bio-industrie et industrie chimique
• Services et réseaux de communication
• Génie civil, options bâtiment, génie climatique et équipements du bâtiment, travaux publics et aménagement
• Génie électrique et informatique industrielle
• Chimie, options sciences des matériaux et productique chimique
• Maintenance industrielle
• Mesures physiques
• Sciences et génie des matériaux

Ecoles d'ingénieurs

Quelques-unes recrutent au niveau bac, c'est le cas de l'EFREI (Paris), l'ENI (Brest) ou encore de l'ENIC (Lille). Après un bac + 2, vous pouvez opter pour l'une des nouvelles formations d'ingénieurs (NFI) spécialisées dans l'électricité, l'électronique et l'informatique. Ces formations se déroulent en alternance entre l'école et l'entreprise, ce qui convient particulièrement bien aux personnes de type Technicité. Citons notamment l'ENIC (Lille) et l'ISTAE (Paris).

Filières universitaires

• Différentes possibilités (Deust, DU...) dans les techniques du bâtiment, les matériaux, la pharmacie industrielle ou encore la chimie.
• Licences et maîtrises : Mécanique (Aix-Marseille I et II, Besançon, Bordeaux I, Caen, Grenoble I, Lille I, Lyon I, Metz, Nancy I, Nantes, Paris VI et XI, Poitiers, Rouen, Strasbourg I, Toulouse III, Versailles).
• Maîtrises de sciences et techniques (MST) : Génie électrique ; Automatismes et électronique industrielle.
• Diplômes universitaires professionnels (DUP) : Génie électrique ; Electronique industrielle.

TRA (Technicité + Réflexion + Action)

BTS

Dans les spécialités suivantes :

• Machinisme agricole (un secteur qui manque particulièrement de candidats et où il y a donc des places à prendre)
• Productions animales
• Productions forestières
• Aménagements paysagers
• Productions horticoles
• Analyse et conduite de systèmes d'exploitation (agriculture)
• Technico-commercial
• Agencement de l'environnement architectural
• Transport et logistique
• Etudes et économie de la construction
• Domotique
• Maintenance et après-vente automobile
• Etudes et économie de la construction
• Contrôle des rayonnements ionisants et application des techniques de protection
• Hygiène, propreté, environnement
• Qualité dans les industries alimentaires et les bio-industries
• Maintenance industrielle
• Maintenance et après-vente automobile
• Maintenance et exploitation des matériels aéronautiques
• Microtechniques
• Productique
• Industries papetières

DUT

Dans les spécialités suivantes :

• Génie civil, options bâtiment, génie climatique et équipements du bâtiment, travaux publics et aménagement
• Génie mécanique et productique
• Génie thermique et énergie
• Génie des télécommunications et réseaux
• Hygiène et sécurité (permet entre autres de se présenter au concours de lieutenant des sapeurs-pompiers)

• Informatique, options informatique et génie informatique et informatique des systèmes industriels
• Organisation et gestion de la production

Ecoles d'ingénieurs et spécialisées

Quelques-unes recrutent au niveau bac, c'est le cas de l'EFREI (Paris), l'ENI (Brest) ou encore de l'ENIC (Lille). Après un bac + 2, vous pouvez opter pour l'une des nouvelles formations d'ingénieurs (NFI) spécialisées dans l'électricité, l'électronique et l'informatique. Ces formations se déroulent en alternance entre l'école et l'entreprise, ce qui convient particulièrement bien aux personnes de type Technicité. Citons notamment l'ENIC (Lille) et l'ISTAE (Paris).

Pensez aussi aux carrières de l'aménagement rural, avec notamment :
• l'Institut national de formation des personnels du ministère de l'Agriculture (INFOMA), Nancy (54)
• le Centre de formations technologiques et commerciales (TECOMAH), Jouy-en-Josas (78)
• le lycée Nature, La Roche-sur-Yon (85)

Filières universitaires

• Différentes possibilités (Deust, DU...) dans la logistique, les transports routiers et aériens.
• Licences et maîtrises : Ingénierie électrique (Aix Marseille III, Antilles Guyane, Artois, Besançon, Brest, Caen, Evry, Grenoble, Le Havre, Lille I, Lyon I, Montpellier II, Nancy I, Nantes, Orléans, Paris XI et XIII, Rennes I, Toulon, Toulouse III) ; Sciences de la matière (physique, chimie, énergie) ; Sciences de la terre et de la nature (biologie, environnement, géologie). Ces deux dernières filières se préparent dans de nombreuses universités. Mais aussi la filière Staps (sciences et techniques des activités physiques et sportives).

3. R comme Réflexion

Les personnes à dominante Réflexion réussiront particulièrement bien dans toutes les filières scientifiques et ne répugneront pas devant des études longues. Leur préférence ira vers une grande école d'ingénieurs ou des études à l'Université. Dans les filières de niveau bac + 2, elles préféreront des spécialités plus théoriques que techniques. Elles peuvent se spécialiser pour devenir les meilleurs dans un domaine précis (car elles sont ambitieuses) ou, au contraire, chercher une grande polyvalence. En dehors de spécialités scientifiques, elles peuvent également s'orienter vers le journalisme, l'édition, l'enseignement, les sciences humaines et la psychologie.

RCI (Réflexion + Coopération + Imagination)

BTS

Dans les spécialités suivantes :

- Agent de développement pour les régions chaudes
- Agronomie tropicale
- Industrie agroalimentaire et biotechnologie
- Technologies végétales
- Viticulture-œnologie
- Assistant en création industrielle
- Assistance technique d'ingénieur
- Etudes et travaux géographiques
- Géologie appliquée
- Géomètre-topographe
- Analyses biologiques
- Biochimiste
- Biophysicien
- Biotechnologie
- Chimiste
- Diététique
- Techniques physiques pour l'industrie et le laboratoire
- Plastiques et composites

- Métiers de l'eau
- Edition
- Traitement des matériaux
- Génie optique
- Informatique industrielle
- Conception de produits industriels

DUT

Dans les spécialités suivantes :
- Biologie appliquée
- Chimie
- Génie chimique
- Génie des télécommunications et des réseaux
- Informatique
- Services et réseaux de communication
- Sciences et génie des matériaux
- Carrières juridiques

Ecoles d'ingénieurs

Les personnes à dominante Réflexion sont particulièrement à l'aise dans les écoles d'ingénieurs, avec ou sans prépa.

Filières universitaires

- Licences et maîtrises : Electronique EEA ; Informatique ; Mathématiques ; Sciences de la vie (biochimie, biologie ; sciences cognitives).
- Maîtrises de sciences et techniques (MST) : Energétique-génie électrique (Aix-Marseille III, Corte, Lille I) ; Informatique-automatique (Besançon, Metz, Valenciennes, Grenoble I, Paris VI et IX, Grenoble II, Pau, Le Havre, Metz, Paris V) ; Mathématiques (Brest, Paris XIII).

Autres

Elles peuvent également se diriger vers la médecine, l'architecture, le paysagisme, le droit (coopération, public, consommation plus que le pénal ou celui des affaires).

RTMA (Réflexion + Technicité + Méthode + Action)

BTS

Dans les spécialités suivantes :
• Analyses agricoles, biologiques et biotechnologiques
• Productions animales
• Productions forestières
• Aménagements paysagers
• Productions horticoles
• Analyse et conduite de systèmes d'exploitation (agriculture)
• Technico-commercial
• Transport et logistique
• Etudes et économie de la construction
• Domotique
• Etudes et économie de la construction
• Contrôle des rayonnements ionisants et application des techniques de protection
• Hygiène, propreté, environnement
• Qualité dans les industries alimentaires et les bio-industries
• Maintenance industrielle
• Maintenance et après-vente automobile
• Maintenance et exploitation des matériels aéronautiques
• Microtechniques
• Productique

DUT

Dans les spécialités suivantes :
• Génie mécanique et productique
• Génie thermique et énergie
• Génie des télécommunications et réseaux
• Informatique, options informatique et génie informatique et informatique des systèmes industriels
• Organisation et gestion de la production

Ecoles d'ingénieurs et spécialisées

Quelques-unes recrutent au niveau bac, c'est le cas de l'EFREI (Paris), l'ENI (Brest) ou encore de l'ENIC (Lille). Après un bac + 2, vous pouvez opter pour l'une des nouvelles formations d'ingénieurs (NFI) spécialisées dans l'électricité, l'électronique et l'informatique. Ces formations se déroulent en alternance entre l'école et l'entreprise, ce qui convient particulièrement bien aux personnes de type Technicité. Citons notamment l'ENIC (Lille) et l'ISTAE (Paris).

Pensez aussi aux carrières de l'aménagement rural, avec notamment :
• l'Institut national de formation des personnels du ministère de l'Agriculture (INFOMA), Nancy (54)
• le centre de formations technologiques et commerciales (TECOMAH), Jouy-en-Josas, (78)
• le lycée Nature, La Roche-sur-Yon (85)

Filières universitaires

• Différentes possibilités (Deust, DU...) dans la logistique, les transports routiers et aériens.
• Licences et maîtrises : Ingénierie électrique (Aix Marseille III, Antilles Guyane, Artois, Besançon, Brest, Caen, Evry, Grenoble, Le Havre, Lille I, Lyon I, Montpellier II, Nancy I, Nantes, Orléans, Paris XI et XIII, Rennes I, Toulon, Toulouse III) ; Sciences de la matière (physique, chimie, énergie) ; Sciences de la terre et de la nature (biologie, environnement, géologie). Ces deux dernières filières se préparent dans de nombreuses universités.

4. I comme Imagination

Nous le savons, les personnes à dominante Imagination ont besoin d'environnements qui leur permettent d'exprimer leurs émotions et faire preuve d'imagination. Il est bien sûr facile de dire qu'elles réussiront particulièrement bien dans les domaines artistiques mais, en fonction des autres dominantes de leur profil, elles pourront également se diriger vers des secteurs comme le social (pour peu qu'il s'agisse de devoir trouver des solutions nouvelles pour les résoudre), le droit (social, pénal, consommation, droits de l'homme...), la psychologie ou encore, si elles sont un peu techniques (c'est-à-dire « Technicité ») vers la conception de produits industriels ou l'architecture.

ICRA (Imagination + Coopération + Réflexion + Action)

BTS

Dans les spécialités suivantes :
- Architecture intérieure
- Agencement de l'environnement architectural
- Art textile et impression
- Expression visuelle
- Industries graphiques, notamment l'option communication visuelle
- Audiovisuel
- Photographie
- Stylisme de mode
- Assistant secrétaire trilingue
- Edition
- Communication et Action publicitaire
- Esthétique cosmétique

DUT

Dans les spécialités suivantes :
- Information et communication, options communication d'entreprise, documentation d'entreprise, journalisme, métiers du livre, publicité.

• Carrières sociales, options animateur socioculturel, assistant social, éducateur spécialisé, gestion urbaine

Ecoles spécialisées

Les personnes à dominante Imagination pourront, le plus souvent avec succès, se diriger vers l'enseignement artistique. Les formations y sont nombreuses : écoles nationales, régionales et municipales d'art et d'art appliqué aux nombreuses spécialités, notamment dans le domaine de l'infographie et du multimédia.
Elles peuvent également opter pour une école de journalisme, les deux plus réputées étant l'Ecole supérieure de journalisme (ESJ) et le Centre de formation des journalistes (CFS) à Paris.

Filières universitaires

• Licences et maîtrises : Arts plastiques (Aix-Marseille I, Amiens, Bordeaux III, Lille III, Metz, Montpellier III, Paris I et VIII, Rennes II, Saint-Etienne, Strasbourg II, Toulouse II) ; Esthétique et sciences de l'art (Paris 1) ; Musique ; Lettres-langues ; Sciences humaines et sociales (développement Coopération, archéologie, enseignement, géographie, histoire de l'art, psychologie, sciences cognitives, philosophie, sciences de l'éducation, sociologie).
• Maîtrises de sciences et gestion (MST) : Sciences humaines et sociales (archéologie, aménagement, patrimoine, cartographie, connaissance des banlieues, intervention et développement Coopération...) ; Art-audiovisuel (Valenciennes, Paris II et VIII, Brest, Aix-Marseille I).

ITMA (Imagination + Technicité + Méthode + Action)

Profil assez peu fréquent. En plus de ce qui est indiqué ci-dessus, citons tout ce qui peut être lié à l'aide aux handicapés en sciences de l'éducation ou dans le cadre des diplômes en sport comme, par exemple, les licences et maîtrises Staps mention éducation et motricité.

5. C comme Coopération

Quelle que soit la composition de leur profil d'intérêt, les personnes à dominante Coopération ont besoin d'un environnement où la discussion est possible et où elles pourront aider les autres.
Toutefois, les autres lettres de leur profil, influenceront largement leurs choix. Prenons l'exemple du secteur de prédilection de ces personnes, la coopération. Une personne ayant comme autre composante Technicité et/ou Méthode pourra, par exemple, se diriger vers la protection de la jeunesse ou encore le pénitenciaire. Il s'agit, en effet, d'une personne qui, tout à la fois, est capable de compassion mais aime que les règles soient respectées. En revanche, une personne dotée des composantes Imagination et/ou Réflexion s'orientera avec plus de chances de succès vers l'aide aux jeunes en difficultés ou encore la réinsertion ou le développement local. C'est une personne qui a besoin d'exprimer et de partager ses émotions et d'inventer de nouvelles manières de faire.
Mais, vous allez le voir, le social n'est pas le seul secteur professionnel où les personnes à dominante Coopération pourront s'insérer avec succès.

CRIA (Coopération + Réflexion + Imagination + Action)

BTS

Dans les spécialités suivantes :
- Economie sociale et familiale
- Hygiène et sécurité
- Edition
- Information communication, options journalisme, métiers du livre et publicité
- Communication et Action publicitaire
- Professions immobilières
- Tourisme et loisirs
- Gestion et protection de la nature
- Architecte d'intérieur
- Expression visuelle, notamment l'option espace de communication
- Audiovisuel, notamment l'option administration de la production des spectacles

DUT

Dans les spécialités suivantes :
• Carrières sociales, options animateur socioculturel, assistant coopération, éducateur spécialisé
• Services et réseaux de communication
• Gestion des entreprises et des administrations (GEA)
• Techniques de commercialisation
• Information-communication

Ecoles spécialisées

Plusieurs écoles proposent, en trois ans, la formation aux DEASS (diplôme d'Etat d'assistant de service coopération). Trois écoles proposent un double diplôme :
• l'ITRS à Montrouge et l'ISIS-CREAI à Neuilly-sur-Marne préparent à la licence AES (administration économique et sociale)
• l'Ecole supérieure du travail Coopération à Paris, prépare, elle, à la licence en sciences de l'éducation.
L'université Paris XIII et l'IUT de Paris V proposent de leur côté aux titulaires du DUT carrières sociales, le DEASS, cette fois en un an.
Trois diplômes peuvent également être préparés dans le domaine de l'éducation spécialisée : moniteur-éducateur, éducateur spécialisé et éducateur technique spécialisé. Ils se préparent dans plus d'une cinquantaine d'écoles.

Filières universitaires

Licences et maîtrises : Arts du spectacle (Rennes II, Aix-Marseille I, Bordeaux III, Caen, Grenoble III, Lille III, Lyon II, Metz, Nice, Paris III, VIII et X, Rennes II, Strasbourg II, Toulouse II) ; Information, documentation, culture option conception et mise en œuvre de projets culturels (Aix-Marseille III, Corte, Littoral, Lyon II, Metz, Paris I, III et VII, Rouen) ; Histoire (mention métiers du livre Aix-Marseille I) ; Information et documentation ; Langues étrangères appliquées (LEA) ; Sciences humaines et sociales ; Droit ; Administration économique et sociale (AES), par exemple l'option gestion commerce ressources humaines ou sciences humaines et sociales ; Lettres ; Psychologie.

CTM (Coopération + Technicité + Méthode)

BTS

Dans les spécialités suivantes :
• Aménagements paysagers
• Technico-commercial
• Travaux publics
• Economie sociale et familiale
• Tourisme et loisirs
• Transport
• Hygiène, propreté, environnement
• Assistant secrétaire trilingue
• Assistant de direction
• Assistant de gestion PME-PMI

DUT

Dans les spécialités suivantes :
• Information communication, notamment les options communication d'entreprise et documentation d'entreprise
• Carrières juridiques
• Transport et logistique
• Gestion des entreprises et des administrations

Ecoles spécialisées

• Le Centre national de formation et d'études de la protection judiciaire de la jeunesse (CNFEPJ) de Vaucresson propose plusieurs formations adaptées.
• Deux écoles préparent aux métiers de collaborateur d'architecte : l'Ecole Kienz à Marcq-en-Barœul et l'Ecole professionnelle supérieure d'art et d'architecture de la Ville de Paris.
• L'aménagement rural offre des opportunités intéressantes. Trois écoles proposent des formations, l'Institut national de formation des personnels du ministère de l'Agriculture (INFOMA) à Nancy, le centre de formations technologiques et commerciales (TECOMAH) de Jouy-en-Josas et le lycée Nature à La Roche-sur-Yon.

• Ne pas oublier, les nombreuses formations en soins infirmiers. A signaler : la possibilité de suivre cette formation dans le cadre de l'apprentissage dans quatre centres : groupement de formation de l'hospitalisation privée à Lyon et Marseille, Syndicat régional de l'hospitalisation privée de Montpellier et le CFA Monceau à Paris.

Filières universitaires

Licences et maîtrises : Droit-administration publique ; Administration économique et sociale (AES), notamment les options commerce et affaires internationales, administration des systèmes de santé (Saint-Etienne) ; Economie et développement local notamment commercialisation des produits bancaires et financiers (Pau), développement des territoires (Paris XIII), économie d'entreprise (Lille I, Rennes I) ou encore études économiques et stratégies d'entreprise (Paris IX).

6. A comme Action

Les personnes à dominante Action ont un choix relativement varié de formations, pour peu que celles-ci leur permettent de donner libre cours à leur sens de l'action. Elles recherchent également, de préférence, des établissements « cotés » car elles aiment paraître. Les écoles de commerce sont ainsi des environnements qui leur correspondent bien, à la fois par leur prestige et par les nombreuses applications pratiques qu'elles permettent : stages en entreprises, activités extrascolaires...
En revanche, sauf si elles ont également une part d'investigation dans leur profil, les personnes à dominante Action ne sont guère faites pour les études trop théoriques et scientifiques où elles s'ennuient vite.

ACI (Action + Coopération + Imagination)

BTS

Dans les spécialités suivantes :
• Action commerciale
• Commerce international
• Force de vente
• Hôtellerie-restauration, notamment l'option mercatique et gestion hôtelière
• Professions immobilières
• Agroéquipements
• Tourisme et loisirs, notamment l'option conception commercialisation
• Transports
• Audiovisuel, option administration de la production et des spectacles

DUT

Dans les spécialités suivantes :
• Techniques de commercialisation
• Information-communication, notamment option publicité
• Gestion des entreprises et des administrations

Ecoles spécialisées

Toutes les filières liées à la vente et à la grande distribution, au marketing et à la gestion leur sont ouvertes que ce soit dans le cadre de grandes écoles ou à l'université. La plupart des chambres de commerce et d'industrie possèdent un IFV (Instituts des forces de vente) qui propose des formations bien adaptées.
L'immobilier offre également des opportunités, à travers notamment les ICH (Instituts d'études de la construction et de l'habitat) présents à Nice, Bordeaux, Montpellier, Saint-Martin-d'Hères, Nantes, Illkirch-Graffenstaden, Lyon et Paris.
Les personnes à dominante Action peuvent également opter pour une école de journalisme, les deux plus réputées étant l'Ecole supérieure de journalisme (ESJ) et le Centre de formation des journalistes (CFS) à Paris.

Filières universitaires

Licences et maîtrises : AES (administration économique et sociale) proposées par de très nombreuses universités, notamment les options administration et gestion des entreprises, affaires et commerce, communication commerciale, ressources humaines, économie internationale et, enfin, management des collectivités territoriales.
• Maîtrises de sciences et gestion (MSG) proposées à Nice, Marseille, Caen, Dijon, Brest, Toulouse, Pessac, Montpellier, Rennes, Tours, Grenoble, Orléans, Reims, Nancy, Boulogne-sur-Mer, Strasbourg, Paris, Guyancourt, La Garde, Poitiers, Evry, Nanterre, Sceaux, Villetaneuse, Créteil, Cergy-Pontoise, Saint-Denis.
• Maîtrises de sciences et techniques (MST) : notamment en gestion commerce (ressources humaines, tourisme, finance) ou encore en sciences humaines et sociales (aménagement, environnement, encadrement santé et environnement coopération ou intervention coopération et développement).

ATM (Action + Technicité + Méthode)

Des personnes appréciées notamment dans la gestion des PME industrielles, dans la banque et la finance et la gestion administrative.

BTS

Dans les spécialités suivantes :
- Assurances
- Assistance technique d'ingénieur
- Etudes et économie de la construction
- Etudes et travaux géographiques
- Assistant de gestion PME-PMI
- Assistant de direction
- Technico-commercial
- Comptabilité et gestion
- Maintenance industrielle
- Maintenance et après-vente automobile
- Transports

DUT

Dans les spécialités suivantes :
- Technico-commercial
- Gestion administrative et commerciale
- Transport et logistique
- Organisation et gestion de la production
- Gestion des entreprises et des administrations
- Maintenance industrielle

Filières universitaires

- Licences et maîtrises : Administration économique et sociale (AES), options administration des entreprises, sciences économiques, économie et management financier et administration rurale et aménagement ; Droit et administration publique (Aix-Marseille III, Amiens, Angers, Bordeaux IV, Brest, Caen, Cergy-Pontoise, Chambéry, Clermont-Ferrand I, Corte, Dijon, Grenoble II, Lille II, Limoges, Lyon II, Metz, Montpellier I, Nantes, Nice, Paris I, II, X, XI, XII, XIII, Poitiers, Reims, Rennes I, Rouen, Saint-Etienne, Strasbourg III, Toulouse I, Tours, Valenciennes).
- Maîtrises de sciences et gestion (MSG) proposées à Nice, Marseille, Caen, Dijon, Brest, Toulouse, Pessac, Montpellier, Rennes, Tours, Grenoble, Orléans, Reims, Nancy, Boulogne-sur-Mer, Strasbourg, Paris, Guyancourt, La Garde, Poitiers, Evry, Nanterre, Sceaux, Villetaneuse, Créteil, Cergy-Pontoise, Saint-Denis.

• Les IUP (Instituts universitaires professionnalisés) proposent également des filières appropriées : Aménagement urbanisme (Aix-Marseille I et III, Artois (Béthune), Evry, Grenoble I, Marne-la-Vallée, Paris XIII, Pau, Toulouse II, Tours) ; Banque, finance, assurances (Aix-Marseille II, Caen, Cergy-Pontoise, Clermond-Ferrand I, Lille II, Metz, Nancy II, Nantes, Paris I, Paris IX et XIII) ; Contrôle qualité (Angers, Besançon, Dijon, Grenoble I, Lille I, Saint-Etienne) ; Environnement (Aix-Marseille I, Bordeaux III, Lille I, Lyon I, Metz, Orléans, Paris VII, Toulouse III) ; Maintenance (Angers, Bordeaux I, Littoral, Paris XIII) ; Sport, gestion des structures sportives (Angers, Evry, Grenoble I, Montpellier I, Paris XII, Perpignan) ; Tourisme-hôtellerie-loisirs (Angers, Chambéry, Grenoble I, Lille III, Limoges, Marne-la-Vallée, Montpellier I, Perpignan, Toulouse II) ; Transport-logistique (Chambéry, Paris XII, Perpignan).

Mais aussi…

Toutes les filières liées à la gestion d'équipements collectifs (sports, loisirs, tourisme…) ainsi que certains métiers du droit : notariat (maîtrise en droit + centre de formation professionnelle notariale à Marseille, Toulouse, Bordeaux, Montpellier, Rennes, Nancy, Lille, Strasbourg, Lyon, Paris et Neuilly-sur-Seine) ; nombreux concours de la fonction publique (pour les ministères de l'Equipement, de la Justice, direction de la protection de la jeunesse et direction de l'administration pénitentiaire.

7. M comme Méthode

Les personnes à dominante Méthode aiment les chiffres ainsi que la gestion administrative. Les formations dans le secteur tertiaire leur sont particulièrement bien adaptées. Pour les autres composantes de votre profil voir ci-avant aux lettres correspondantes.

BTS

Dans les spécialités suivantes :
- Assistant de direction
- Assistant secrétaire trilingue
- Comptabilité et gestion
- Assistant de gestion PME-PMI
- Assurances

DUT

Dans les spécialités suivantes :
- Gestion des entreprises et des administrations
- Statistiques et traitement des données
- Information communication, option communication d'entreprise
- Carrières juridiques
- Gestion administrative et commerciale

Ecoles spécialisées

- En dehors de la prestigieuse ENA (Ecole nationale d'administration) dont la formation se déroule entre Paris et Strasbourg, cinq IRA (Instituts régionaux d'administration) permettent d'accéder à la fonction publique à un poste d'attaché (renseignement auprès de la direction générale de l'Administration et de la Fonction publique ou auprès des IRA de Bastia, Lille, Lyon, Metz ou Nantes). De nombreux concours permettent, par ailleurs, de postuler. Deux écoles préparent aux concours des IRA : Formavocat à Toulouse et l'Ecole de préparation aux concours de l'administration à Paris.
- De très nombreuses écoles préparent au DECF (diplôme d'études comptable et financière) et les Instituts de techniques comptables proposent le DES (diplôme d'études supérieures) à Aix-en-Provence, Amiens, Montpellier, Nantes, Angers, Cholet, Saint-Berthevin, Lille, Le Mans, Paris et Versailles.

• Les écoles de notariat forment des clercs de notaire à Marseille, Dijon, Nîmes, Toulouse, Bordeaux, Montpellier, Rennes, Tours, Nantes, Angers, Lille, Clermont-Ferrand, Lille, Clermont-Ferrand, Lyon, Paris, Rouen et Rivery.
• L'Ecole nationale de la statistique et de l'administration économique (ENSAE) et l'Ecole nationale de la statistique et de l'analyse de l'information (ENSAI), qui appartiennent toutes deux au groupe des écoles de l'INSEE, forment des statisticiens économistes qui travaillent ensuite soit dans la fonction publique soit dans le privé.

Filières universitaires

• Licences et maîtrises : Droit-administration publique ; Administration économique et sociale (AES) notamment les options banque finance, administration générale et territoriale, économie internationale, administration générale et territoriale, sciences économiques ou encore économie appliquée ; Sciences politiques notamment la mention sciences administratives (Amiens).
• Maîtrises de sciences et gestion (MSG) à Nice, Aix-Marseille II, Caen, Dijon, Brest, Toulouse I, Bordeaux IV, Montpellier II, Rennes I, Tours, Grenoble II, Orléans, Reims, Nancy II, Boulogne-sur-Mer, Strasbourg I, Annecy, Paris V, IX, XI, XII et XIII et Cergy-Pontoise.
• Instituts universitaires professionnalisés (IUP) proposent plusieurs formations parmi lesquelles : Banque, finances assurances à Aix-Marseille II, Caen, Cergy-Pontoise, Clermont-Ferrand I, Lille II, Metz, Nancy II, Nantes, Paris I, IX et XIII, et Mathématiques-statistiques qui se prépare à Avignon, Grenoble I, Marne-la-Vallée, Montpellier II, Paris VII et IX, Toulouse III et Vannes.

PARTIE VII

OÙ SEREZ-VOUS LE CANDIDAT IDÉAL ?

1. Dominante Technicité

Technicien de télévision et radio (TRI)
Technicien de radiologie médicale (TRI)
Fermier (TRI)
Technicien aéronautique - industrie ou maintenance sur piste (TRI)
Eclairagiste (TRI)
Décorateur sur verre (TRI)
Mécanicien - industrie, garage, machinisme agricole (TRC)
Professions paramédicales (TRC)
Technicien d'essai - toutes industries (TRC)
Opérateur sur machine industrielle (TRC)
Vendeur technique (TCA)
Conducteur d'ambulance (TCR)
Designer industrie (TRC ou TRI)
Technicien de maintenance (TRC ou TRA suivant les matériels)
Technicien de contrôle qualité (TRA)
Pilote d'essai (TRA)
Modéliste en matériaux (TRA)
Technicien de conservation - musée (TRA)
Dessinateur industriel ou en cartographie (TRA)
Métiers de la construction - tous corps de métiers (TRA)
Opticien (TRA)
Météorologiste (TRA)
Horticulteur (TRA)
Photograveur et tous métiers de l'imprimerie (TRA)
Géomètre (TRA)
Cameraman (RIC)
Sculpteur (RAI)
Cuisinier (RAS)
Technicien bureautique (RSI)
Technicien de contrôle en pollution (RSI)
Analyste programmeur (RSI)
Prothésiste médical (RSI)
Chef de chantier ou d'atelier (RSE)
Professeur de gym (RSE)
Installateur d'équipements techniques (RSE)

2. Dominante Réflexion

Biologiste (REC)
Ingénieur d'études - toutes industries (RTC ou RTA)
Agronome (RTC)
Chimiste (RTC)
Biochimiste (RTC)
Eco-conseiller (RTC)
Médecin légiste (RTC)
Professions médicales - toutes spécialités (RTC)
Horticulteur (RTC)
Journaliste technique (RTC)
Taxidermiste (RTC)
Géologue (RTC)
Océanographe (RTC)
Ingénieur agronome (RTC)
Physicien (RTC)
Administrateur de bases de données informatiques (RTC)
Radiologue (RTC)
Chercheur en agroalimentaire (RTC)
Architecte de marine (RTA)
Statisticien (RTA)
Apiculteur (RTA)
Enseignant - secondaire et supérieur (RTA ou RTC)
Analyste programmeur (RTA)
Designer industrie (RTA)
Chercheur (RTA)
Contrôleur aérien (RTA)
Dentiste (RTA)
Technicien de laboratoire médical (RTA)
Vétérinaire (RTI)
Microbiologiste (RTI)
Chirurgien (RTI)
Inspecteur de police (RTM)
Toxicologue (RTM)
Technicien d'essai - électronique (RTM)
Psychologue (RIC)
Documentaliste technique (RCT)
Technicien vétérinaire (RCT)

Interprète (RCM)
Spécialiste pollution (RAC)
Sociologue (RAC)
Contrôleur financier (RMT)
Pilote d'avion (RMT)

3. Dominante Imagination

Costumier du spectacle (ITR)
Modéliste en vêtement ou cuir (ITR)
Créateur de sketch (ITR)
Photograveur (ITR)
Illustrateur technique (ITR)
Technicien du spectacle (ITC)
Architecte (IRT)
Paysagiste (IRT)
Tailleur de pierre (IRA)
Restaurateur d'œuvres d'art (IRC)
Professeur de français (IRA)
Ecrivain (IRA)
Créateur ou dessinateur de mode (IRA)
Peintre (ICR)
Humoriste (ICA)
Scénariste - audiovisuel, jeux vidéo (ICA)
Professeur - dessin, musique, art dramatique (ICA)
Publicitaire (ICA)
Pâtissier (ICA)
Musicien instrumental (ICM)
Infographiste - PAO, multimédia (ICT)
Illustrateur de presse (IAT)
Journaliste (IAC ou ICR)
Directeur photo (AES)
Libraire (IAM ou AES)
Graphologue (IAM)

4. Dominante Coopération

Patron de café (CTA)
Responsable de parc de loisir (CTA)
Responsable antenne emploi (CTA)
Kinésithérapeute (CTA)
Chauffeur - transport en commun (CTA)
Naturopathe (CRT)
Psychanalyste (CIR)
Assistant dentaire (CER)
Conseiller familiale (CIA)
Professeur dans l'enseignement primaire (CIA)
Professeur du secondaire (CIA)
Chef de rayon - grande distribution (CAT)
Responsable de salle de sport (CAT)
Editeur (CAT)
Animateur socioculturel (CAT)
Educateur spécialisé (CAT)
Guide de tourisme (CAT)
Formateur pour adultes (CAT)
Commissaire de police (CAT)
Responsable cafétéria ou restauration rapide (CAT)
Maître d'hôtellerie - restauration (CAT)
Assistant social (CAR)
Juge d'application des peines (CAR)
Agent d'assurances (CAR)
Travailleur social (CAR)
Diététicien (CAR)
Professeur d'histoire (CAR)
Conseiller principal d'éducation en collège (CAI)
Conservateur de musée (CAI)
Psychologue (CAI)
Orthophoniste (CAI)
Libraire (CAI)
Conservateur de musée (CAI)
Gardien de prison (CAM)
Entraîneur de chevaux (CAM)
Médiateur social (CAM)
Responsable d'un centre de loisir (CMT)

5. Dominante Action

Ingénieur système (ATR)
Critique d'art (ATC)
Créateur d'entreprise (ATC ou ACT)
Urbaniste (ARC)
Journaliste audiovisuel (AIC)
Chargé de relation publique (AIC)
Commissaire priseur (AIC)
Chargé de communication (ACT)
Avocat (ACR)
Vendeur (ACT)
Chef de chantier de construction (ACT)
Spécialiste marketing (ACT)
Patron d'entreprise (ACT)
Représentant de commerce (ACT)
Entraîneur de sport (ACT)
Magistrat (ACT)
Pompier (ACT)
Chef d'escale - aviation (ACT)
Patron de restaurant ou d'hôtel (ACT)
Chef de rayon (ACT)
Directeur des ressources humaines (ACT)
Responsable logistique (ACT)
Vendeur international (ACR)
Publicitaire (ACI)
Merchandiseur-grande distribution (ACI)
Agent immobilier (ACI)
Responsable service clients (ACI)
Responsable export (ACI)
Agent de tourisme (ACI)
Responsable sécurité (ACT)
Responsable logistique (ACM)

6. Dominante Méthode

Imprimeur (MTC)
Bibliothécaire (MTC)
Assistant de laboratoire médical (CRI)
Opérateur de prépresse - imprimerie (MTI)
Opérateur sur machine - imprimerie, agroalimentaire, électronique (MTA)
Assistant médical (MRC)
Analyste financier, banque et finance (MRC)
Actuaire dans l'assurance (MRC)
Aide comptable (MCT)
Contrôleur financier (MCT)
Chargé de communication interne à une entreprise ou une organisation (MCR)
Secrétaire (MCA)
Comptable (MCA)
Employé administratif (MCA)
Deviseur - bâtiment, imprimerie... (MCA)
Technicien logistique - industrie, grande distribution (MCA)
Employé de banque (MCA)
Fonctionnaire (MCA)
Assistante sociale (MCA)
Technicien médical hospitalier (MCA)
Assistant de direction (MCA)
Employé de commerce (MCA)
Responsable d'une agence bancaire (MCA)
Expert comptable (MAR)
Inspecteur des impôts (MAR)
Caissier - distribution, banque... (MAC)
Steward, hôtesse de l'air (MAC)
Militaire (MAC)

Notes

Notes

Notes

Notes

34/38, rue Camille-Pelletan - 92309 Levallois-Perret cedex
Imprimerie Corlet - 14110 Condé-sur-Noireau
Imprimé en France - 1er trimestre 2007 - N° 97625

Service éditorial : Elsa Goisnard, Manuella Guillot, Cécilia Pinaud
Conception graphique : Catherine Aubin
Crédit photographique : Sapsiwai-Fotolia

Dépôt légal à parution
ISBN 978-2-84472-348-2

I ... +

Solutions

In Sync with

Let Us C++ 2nd Edition

Yashavant P. Kanetkar

BPB PUBLICATIONS
B-14, CONNAUGHT PLACE, NEW DELHI-1

FIRST EDITION 2010 REPRINTED 2013

ISBN : 978-81-8333-357-3

LIMITS OF LIABILITY AND DISCLAIMER OF WARRANTY

Distributors:

COMPUTER BOOK CENTRE
12, Shrungar Shopping Centre, M.G. Road,
BANGALORE-560001 Ph: 25587923, 25584641

MICRO BOOKS
Shanti Niketan Building, 8, Camac Street
KOLKATTA-700017 Ph: 22826518/9

BUSINESS PROMOTION BUREAU
8/1, Ritchie Street, Mount Road,
CHENNAI-600002 Ph: 28410796, 28550491

BPB PUBLICATIONS
B-14, Connaught Place, NEW DELHI-110001
Ph : 23325760, 23723393, 23737742

BPB BOOK CENTRE
376, Old Lajpat Rai Market, DELHI-110006
Ph: 23861747

MICRO MEDIA
Shop No.5, Mahendra Chambers, 150 D.N. Rd,
Next to Capital Cinema V.T. (C.S.T.) Station,
MUMBAI-400001 Ph: 22078296, 22078297

DECCAN AGENCIES
4-3-329, Bank Street,
HYDERABAD-500195 Ph: 24756400, 24756976

INFO TECH
G-2, Sidhartha Building , 96, Nehru Place,
NEW DELHI-110019
Ph: 26438245, 26415092, 26234208

INFO TECH
Shop No. 2, F-38, South Extention Part-I
NEW DELHI-110049
Ph: 24691288

Published by **Manish Jain** for BPB Publications, B-14, Connaught Place, New Delhi-110001 and Printed by him at Akash Press, New Delhi.

Dedicated to
Nalinee & Prabhakar Kanetkar

About the Author

Through his original works in the form of books and Quest Video courseware DVDs on C, C++, Data Structures, VC++, .NET, Embedded Systems, etc. Yashavant Kanetkar has created, moulded and groomed lacs of IT careers in the last decade and half

Yashavant has recently been honored with a "Distinguished Alumnus Award" by IIT Kanpur for his entrepreneurial, professional and academic excellence. In recognition of his immense contribution to IT education in India, he has been awarded the "Best .NET Technical Contributor" and "Most Valuable Professional" awards by Microsoft.

Yashavant holds a BE from VJTI Mumbai and M.Tech. from IIT Kanpur. Yashavant's current affiliations include being a Director of KICIT and KSET. He can be reached at kanetkar@kicit.com or through http://quest.ksetindia.com/

Contents

Introduction

Millions of readers have found the idea of reading 'Let Us C', solving problems in it and checking their solutions with those in the book 'Let Us C Solutions' quite appealing. It was quite natural for them to expect the same scenario when they migrated to C++ and started reading 'Let Us C++'. However, as I worked on other book projects, the 'Let Us C++ Solutions' book got postponed for some reason or the other. I have now finally completed it and am very happy to place it in reader's hands. I promise that from now onwards every new edition of 'Let Us C++' would be accompanied by a parallel edition of 'Let Us C++ Solutions'.

If one has to understand C++ programming in its true perspective, then in my opinion one needs to make use of the communication revolution that has taken place around us. Using it, I have video-recorded all the aspects of C++ programming in the form of a solid 60-lecture course. Using this course DVD you will be able to directly learn C+ programming from me at your home. You can visit **http://*quest.ksetindia.com/*** for more details about this and the other courses.

Through all the editions of this book one person who never got tired of helping me was Manish Jain of BPB. No matter what request I made, he always acceded to it. Monali Mohdikar was instrumental in checking all the solutions in this book. Many thanks to her for the same!

Yashavant Kanetkar

CHAPTER

ONE

Introduction To OOP

[A] State True or False:

(a) Object oriented programming permits reusability of the existing code.

Answer:

True

(b) Languages earlier than procedural programming languages made use of only global variables.

Answer:

True

(c) In Object Oriented programming languages the only way to transfer control from one place in the program to another is by using the **goto** statement.

Answer:

False

(d) It is easier to write, understand and maintain programs if they use Object Oriented Programming model as compared to Structured Programming model.

Answer:

True

(e) As compared to procedures, data is not given enough importance in Procedural programming.

Answer:

True

(f) Structured programming model does not represent the real world problem as well as the Object Oriented programming model.

Answer:

True

(g) Object Oriented programming model permits functional abstraction as well as data abstraction.

Answer:

True

(h) A class permits us to build user-defined data types.

Answer:

True

(i) Objects are to classes as variables are to built-in data types.

Answer:

True

(j) Deriving a new class from an existing class promotes reusability of code.

Answer:

True

(k) Encapsulation facilitates a single function name to be used for the same operation performed on related derived classes.

Answer:

False

(l) In polymorphism even though the function names are same, their implementation may vary from class to class.

Answer:

True

(m) Multiple objects can be created from the same class.

Answer:

True

[B] Fill in the blanks:

(a) The two major components of an object are ______ & _____.

Answer:

data members, member functions

(b) The ability of a function or operator to act in different ways on different data types is called ________.

Answer:

Polymorphism

(c) The process of building new classes from existing ones is called ________.

Answer:

Inheritance

(d) If a class A inherits its properties from class B, then A and B are known as _______ class and _______ class, respectively.

Answer:

derived, base

(e) Pascal and C are ________ languages, whereas, C++ is ________ language.

Answer:

procedural, object oriented

[C] Answer the following:

(a) What is the basic difference between structured programming model and object oriented programming model?

Answer:

Structured programming languages like **C** and **Pascal** define data structures (arrays, structures, unions, enums, etc.) and provide functions that either access or change the data from any place in the program. When the program grows beyond a reasonable size it becomes unmanageable since the data structures are available throughout the program and changing them in one part may have repercussions on other part of the program.

Object-oriented programming reduces dependencies between different parts of a program. An object contains data structures and a set of operations for accessing and manipulating them. All operations that require the knowledge of data structures are directly associated with the structures, rather than being spread through-out the program.

Combining the data and the operations that access and modify ensures that you do not directly manipulate the data, instead you request functions associated with the data to do this job for you. Thus, part of the program that requests action to be performed on the data structures remains separate from the part which fulfills the request. As a result, now the parts of the program do not depend on each other through the data structures but through the functionality that the parts promise to provide.

(b) What is the difference between a class and an object?

Answer:

A class is a blueprint for objects. From one class several objects can be created. Each object is known as an instance of a particular class. For example, 'Cricketers' is a class, whereas, 'Sachin', 'Saurav', 'Rahul' are specific instances of the 'Cricketers' class (hence they are objects). The blueprint for 'Cricketers' class describes how a cricketer would look like (colored/white clothing, cap, shoes, etc.) and what operations can he perform (bat, bowl, field, etc.). Similarly, you can imagine 'Musicians' as a class and 'Lata' and 'Asha' as specific instances of this class. Again, from one class of musicians several instances (objects) can be created.

(c) Give at least 5 examples of classes and objects.

Answer:

Class	**Object**
Human Being	Anil, Sunil, etc.
Bird	Sparrow, Eagle, etc.
Reptile	Snakes, Tortoise, etc.
Car	Corsa, Accent, etc.
Shape	Line, Rectangle, etc.

(d) What do you mean by encapsulation?

Answer:

Encapsulation is the mechanism that binds together the code and data it manipulates, and keeps both safe from outside interference and misuse. The advantage of encapsulated code is that the outside world knows how to access it and thus can use it regardless of the implementation details and without fear of unexpected side-effects. In C++ the basis of encapsulation is a **class.** The purpose of a **class** is to encapsulate complexity and C++ provides mechanisms for hiding the complexity of implementation inside the **class**.

(e) What do you mean by Inheritance?

Answer:

Inheritance is a process of creating new classes, called **derived classes** from existing or **base classes**. The derived class inherits all the capabilities of the base class and can either refine some of its features or add totally new features of its own. Inheritance works the same way as in real-life. Children inherit features from their parents, refine some of them and add a few of their own.

(f) What do you mean by polymorphism?

Answer:

Polymorphism means the ability to assume several forms. In object-oriented programming context this refers to the ability of an entity to refer to objects of various classes at runtime.

C++ has three mechanisms that help us to implement polymorphism. These are:

- Function overloading
- Operator overloading
- Virtual functions

These mechanisms are discussed at length in chapters to come.

[D] Answer the following:

(a) Consider an email client application. The purpose of this application is to put the world of online communication on your desktop. Using it you should be able to receive emails, compose new emails and send them to colleagues and friends. The application should also let you maintain an address book containing contact details of your friends and colleagues.

Identify the actors involved in this application, their relationship with one another and the actions performed by them.

Answer:

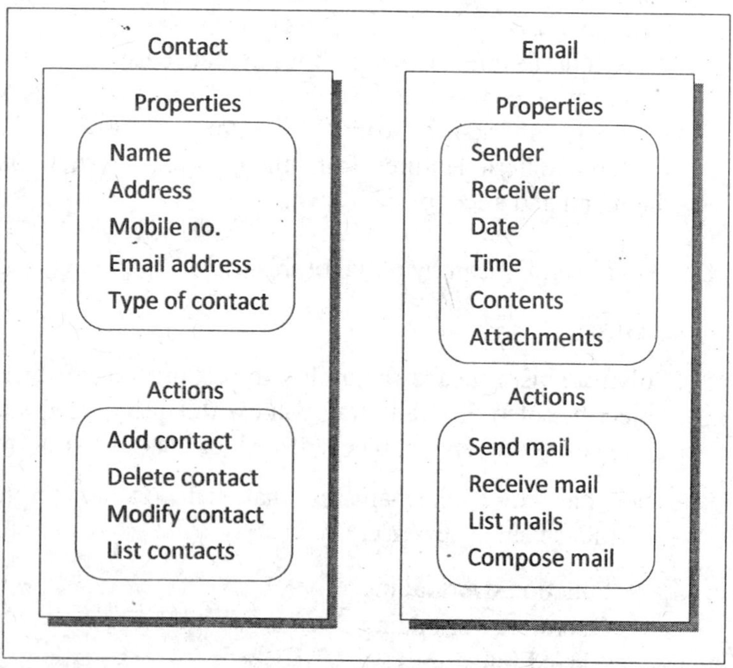

(b) Suppose you are required to create an Enquiry tracker system for a car dealer. The purpose of this system is to help a car dealer to keep a track of enquiry about car purchase. When a customer makes a call to a dealer, the system should be able to store contact information of the customer, whether the customer has bought any car from the dealer in the past, mode of payment (cash/cheque/finance). The system should be able to generate a quotation for the model of a car that a particular customer is interested in. The quotation must contain detailed information about car model, its on-road price, insurance amount and prices of accessories. System should be able to furnish a day-wise report indicating the enquiries made and a quarterly report indicating the total number of cars sold.

Identify the actors involved in this system, their relationship with one another and the actions performed by them.

Answer:

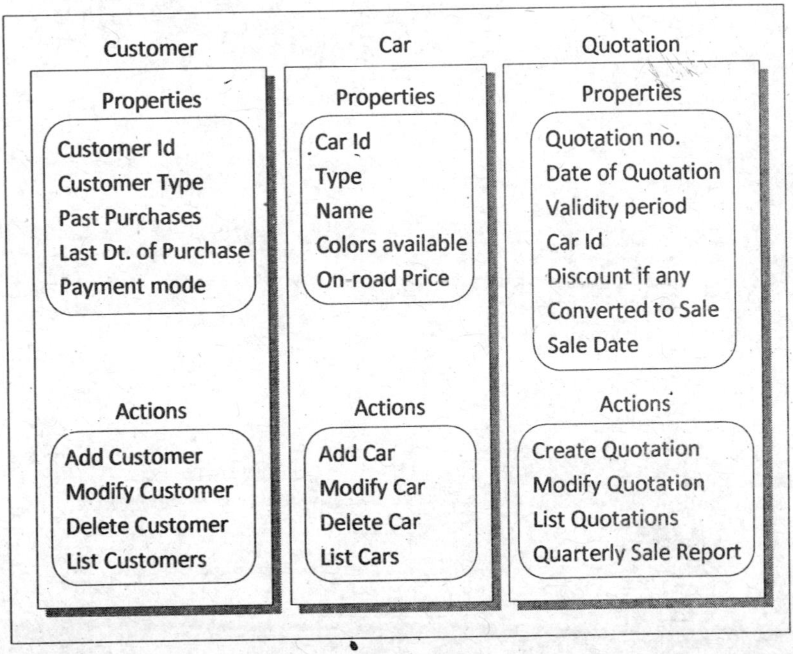

CHAPTER

TWO

Before We Begin...

To understand C++ language and gain confidence in working with it you would be required to type programs in this book and then instruct the machine to execute them. To type any programs you need another program called Editor. Once the program has been typed it needs to be converted to machine language (0s and 1s) before the machine can execute it. To carry out this conversion we need another program called Compiler. Compiler vendors provide an Integrated Development Environment (IDE) which consists of an Editor as well as the Compiler.

There are several such IDEs available in the market targeted towards different operating systems. For example, Turbo C++ is a popular compiler that works under MS-DOS; Visual Studio 2008 and Visual Studio 2008 Express Edition are the compilers that work under Windows, whereas gcc compiler works under Linux. Note that Turbo C++ and gcc compilers can also be installed on machines running Windows OS.

Installation Of Compilers

Out of Turbo C++, Visual Studio 2008 Express Edition and gcc compilers, the last two are available free of cost. They can be downloaded from the following sites:

http://www.microsoft.com/exPress/download
http://www.cygwin.com

You are free to use any of the compilers mentioned above for compiling programs in this book. If you wish to know my personal choice, I would prefer Visual Studio Express Edition for two simple reasons—it is a modern compiler with easy to use GUI and it is available free of cost.

To help you go through the installation process of Visual Studio Express Edition smoothly I have also recorded a video. You can watch the same at the following link:

http://www.youtube.com/asangdani

The installation procedure of TC++ compiler is very simple. However, if you install TC++ compiler under Windows Vista, the window size becomes very small. So small is the screen size that you can hardly work with it. You can increase the size of TC++ window to occupy the entire screen. For this you will have to download an x86 emulator called DosBox from following link:

http://prdownloads.sourceforg.net/dosbox/dosbox0.72-win32-installer.exe?download

Once you have downloaded this emulator carry out the following steps:

(a) Install the DosBox software that you have downloaded.

(b) Create a folder called Turbo on your C: drive.

(c) Copy entire Turbo C++ software in this Turbo folder.

(d) Start DosBox by double clicking DosBox icon.

(e) You would be presented with two screens. You need to use the one which has a Z> prompt in it. Type the following command at Z> prompt.

```
mount X C:\Turbo
mount D C:\Turbo\TC
D:
cd Bin
TC
```

By typing the last command "TC" you are executing the Turbo C++ software. This would bring up the normal blue colored TC++ window. To increase the window size, just press Alt + Enter. Now the TC++ window will accommodate the entire screen.

(f) Go to the Options Menu (Alt O), select 'Directories' menu item and change the 'Include' and 'Library' directory such that they contain the following entries:

```
X:\TC\INCLUDE
X:\TC\LIB
```

(g) Once you have typed and saved program do not compile it using the usual Ctrl F9. Instead, compile it using the Compile Menu and execute it using Run Menu.

The following are the shortcut keys that can be used while working in Turbo C++ environment. If you use them it will improve your productivity.

- Press Alt + F, N to open a new file
- Press F2 to save the current file
- Press Ctrl + F9 to compile and run the program
- Press Alt + F5 to view the output of the program
- Press Alt + F3 to close the currently opened file
- Press Alt + X to exit Turbo C++

Compilation process used in TC++, Visual Studio and gcc is a bit different. So for your benefit I am giving below the detailed compilation and execution steps with each of these compilers.

Compilation Using TC++

Here are the steps that you need to follow to compile and execute programs using TC++...

(a) Start the compiler at **C>** prompt. The compiler (TC.EXE) is usually present in **C:\TC\BIN** directory.

(b) Select **New** from the **File** menu.

(c) Type the program.

(d) Save the program using **F2** under a proper name (say Program1.c).

(e) Use **Ctrl + F9** to compile and execute the program.

(f) Use **Alt + F5** to view the output.

Compilation Using Visual Studio 2008 / Visual Studio 2008 Express Edition

You need to carry out the following steps to compile and execute programs using any Visual Studio version:

(a) Start Visual Studio 2008 from Start | All Programs | Microsoft Visual Studio 2008 or start Visual Studio 2008 Express Edition from Start | All Programs | Microsoft Visual C++ 2008 Express Edition.

(b) Select File | New Project... from the File menu. Select Project Type as Visual C++ | Win32 Console Application from the dialog that pops up. Give a proper name of the project in Name TextBox (say Program1). Then click on OK and Finish.

(c) Type the program.

(d) Save the program using **Ctrl + S**.

(e) Use **Ctrl + F5** to compile and execute the program.

When you use Visual Studio to create a Win32 Console Application for any program the wizard would insert the following code by default:

```
#include "stdafx.h"
int _tmain ( int argc, _TCHAR* argv[ ] )
{
    return 0 ;
}
```

You can delete this code and type your program in its place. If you now compile the program using Ctrl F5 you would get the following error:

```
Fatal error C1010:
unexpected end of file while looking for precompiled header.
Did you forget to add '#include "stdafx.h"' to your source?
```

If you add #include "stdafx.h" at the top of your program then it would compile and run successfully. However, including this file makes the program Visual Studio-centric and would not get compiled with TC++ and gcc compilers. This is not good as the program no longer remains portable. To eliminate this error, you need to make a setting in Visual Studio. To make this setting carry out the following steps:

(a) Go to 'Solution Explorer'.

(b) Right click on the project name and select 'Properties' from the menu that pops up. On doing so, a dialog shown in Figure 2.1 would appear.

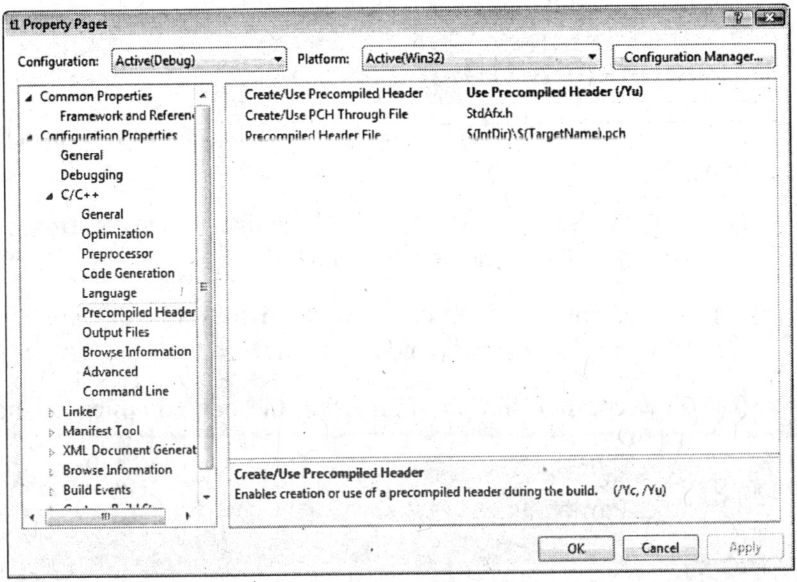

Figure 2.1

(c) From the left pane of this dialog first select 'Configuration Properties' followed by 'C/C++'.

(d) Select 'Precompiled Headers'

(e) From the right pane of the dialog click on 'Create/Use Precompiled Header'. On doing so in the value for this option a triangle would appear.

(f) Click on this triangle and a drop down list box would appear.

(g) From the list box select 'Not using Precompiled Header'.

(h) Click on OK button to make the setting effective.

Once this setting is made you can now compile the program using Ctrl F5. This time no error would be flagged and the program would compile and execute successfully.

Compilation Using gcc

Carry out the following steps to compile and execute programs using gcc:

(a) Type the program using any editor like vi, vim or emacs and save it under the name 'Program1.c'.

(b) At the command prompt switch to the directory containing 'Program1.c' using the **cd** command.

(c) Now compile the program using the **gcc** compiler as shown below:

```
# gcc Program1.c
```

(d) On successful compilation, **gcc** produces a file named 'a.out'. This file contains the machine code of the program which can now be executed.

(e) Execute the program using the following command.

```
# ./a.out
```

(f) Now you should be able to see the output of Program 1 on the screen.

A Word Of Caution

All programs given in the chapters to follow have been created assuming that you have installed Visual Studio on your machine. If you have installed TC++, then you would be required to make some minor changes pertaining to clearing of screen and positioning of cursor. Let me show this to you using a simple program that first clears the screen then positions the cursor at 10th row, 20th column and prints a message at this location. If we were to use TC++, the program would look like this...

```
#include <stdio.h>
#include <conio.h>
int main( )
{
    clrscr( ) ;  /* clear existing contents on screen */
    gotoxy ( 20, 10 ) ;  /* position cursor */
    printf ( "Hello" ) ;
}
```

A similar program in Visual Studio would take the following form:

```
#include <stdio.h>
#include <system.h>
void gotoxy ( short int col, short int row ) ;

int main( )
{
    system ( "cls" ) ;  /* clear existing contents on screen */
    gotoxy ( 20, 10 ) ;  /* position cursor */
    printf ( "Hello" ) ;
}
void gotoxy ( short int col, short int row )
{
    HANDLE hStdout = GetStdHandle ( STD_OUTPUT_HANDLE ) ;
    COORD position = { col, row } ;
    SetConsoleCursorPosition ( hStdout, position ) ;
}
```

With choice of the development tool, the installation procedure and the compilation process out of the way, I think we are ready to begin learning C++ formally. That is what the next chapter is all about.

CHAPTER THREE

Graduating To C++

[A] State True or False:

(a) In C++, a structure can contain data members, as well as functions that can operate upon the data members.

Answer:

True

(b) In C++, a union can contain data members, as well as functions that can operate upon the data members.

Answer:

True

(c) If the function is defined before calling it, there is no need to mention its prototype.

Answer:

True

(d) It is possible to create an array of references.

Answer:

False

(e) Once a reference is tied with a variable it cannot be tied with another variable.

Answer:

True

(f) A variable can be tied with several references.

Answer:

True

(g) In a C++ program re-definitions are not allowed where as re-declarations are allowed.

Answer:

True

(h) In C++ a function call can occur even on the left-hand side of an assignment operator.

Answer:

True

(i) It is unsafe to return a local variable by reference.

Answer:

True

(j) **cin** and **cout** are objects.

Answer:

True

(k) C++ permits the use of anonymous structures.

Answer:

False

(l) A pointer of another type can be assigned to a **void** pointer without the need for typecasting.

Answer:

True

(m) The following two definitions are same:

```
enum grade g ;
grade g ;
```

Answer:

True

(n) The following two statements perform the same job:

```
int  a = 10 ;
int  a ( 10 ) ;
```

Answer:

True

(o) The following two statements perform the same job:

```
bool a ;
BOOL a ;
```

Answer:

False

(p) The following three statements perform the same job:

```
cout << "\n" ;
cout << '\n' ;
cout << endl ;
```

Answer:

True

[B] What will be the output of the following programs:

(a)
```
#include <iostream>
using namespace std ;
int main( )
{
    int i = 5 ;
    int &j = i ;
    int p = 10 ;

    j = p ;
    cout << endl << i << endl << j ;
    p = 20 ;
    cout << endl << i << endl << j ;
    return 0 ;
}
```

Output:

```
10
10
10
10
```

Explanation:

i is an integer and **j** is an alias of **i**, means two different names are given to a same memory location. Now **i** and **j** can be used interchangeably. Whatever value is assigned to **i** get applied to **j** and vice versa. When **j** is initialized with **p**, which is **10**, **i** also becomes **10** and therefore first **cout** prints **10 10**. The second **cout** will also print **10 10** because even if **p**'s value is changed there is no reason why **i** and **j** should change.

(b)
```
#include <iostream>
using namespace std ;
int main( )
{
    char *p = "hello" ;
    char *q = p ;
    cout << p << endl << q << endl ;
    q = "Good Bye" ;
    cout << p << endl << q ;
    return 0 ;
}
```

Output:

```
hello
hello
hello
Good Bye
```

Explanation:

p contains address of the string **"hello"**. **q**, a **char** pointer, which is initialized with **p**, also contains the address of the string **"hello"**. Therefore output of first **cout** comes out to be **hello hello**. Through **q = "Good Bye"**, address of the string **"Good Bye"** is stored in **q** and is printed out in second **cout**.

(c)
```
#include <iostream>
using namespace std ;
int i = 20 ;
int main( )
{
    int i = 5 ;
    cout << i << endl << ::i ;
    return 0 ;
}
```

Output:

```
5
20
```

Explanation:

i which is declared outside **main( )** is global whereas **i** declared inside **main( )** is local to the **main( )** function. If such situation arises in C it is not possible to access both, global as well as local variable at the same time in **main( )**. C++ provides **::** operator (scope resolution operator) using which we can access global variables i.e. variables having global scope. Here, **cout << i** prints value of local **i** and **cout << ::i** prints value of global **i**.

(d)
```
#include <iostream>
using namespace std ;
int i = 20 ;
int main( )
{
    int i = 5 ;
    cout << i << endl << ::i << endl ;
    {
        int i = 10 ;
        cout << i << endl << ::i ;
    }
    return 0 ;
}
```

Output:

```
5
20
10
20
```

Explanation:

Using **::** operator we can access global variables. Here 'global variables' mean the variables whose scope is global i.e. the variables having extern storage class. The first **cout** prints out most local **i**, which is **5** and most global **i** which is equal to **20**. **i** is again initialized with **10**. Hence output of second **cout** is **10**, value of most local variable, and **20**, value of the global variable.

(e)
```
#include <iostream>
using namespace std ;
const int i = 10 ;
int main( )
{
    const int i = 20 ;
    cout << i << endl << ::i << endl ;
    cout << &i << endl << &::i ;
    return 0 ;
}
```

Output:

```
20
10
0012FF60
00415800
```

Explanation:

When we use **i** and **&i** we get the value and the address of the local variable **i**. As against this, when we use the scope resolution operator **::** we are able to get access to the global **i**. Thus **::i** and **&::i** yield value and address of the global **i**.

(f)
```
#include <iostream >
using namespace std ;
```

```
int main( )
{
    int i ;
    cout << sizeof ( i ) << endl << sizeof ( 'i' ) ;
    return 0 ;
}
```

Output:

```
4
1
```

Explanation:

sizeof( ) operator returns the number of bytes occupied by a variable in memory. **i** is a variable of the type **int**. As we all know that an integer occupies two bytes in memory, **sizeof (i)** comes out to be **4**. We know that a single character enclosed within single quotes is one byte long. Therefore **sizeof ('i')** comes out to be **1**.

(g)
```
#include <iostream >
using namespace std ;
int main( )
{
    int i ;
    for ( i = 1 ; i <= 10 ; i++ )
        cout << i << endl ;
    cout << i ;
    return 0 ;
}
```

Output:

```
1
2
3
```

```
4
5
6
7
8
9
10
11
```

Explanation:

Since in C++ we can declare variables anywhere in the program, declaring them in **for** loop is also valid. In the **for** loop one to ten digits will get printed. As **endl** is given in **cout** each digit will get printed on the next line. After ten iterations value of **i** will become **11**. This value will get printed in the **cout** statement given after the loop.

[C] Point out the errors, if any, in the following programs.

(a)
```
#include <iostream>
using namespace std ;
int main( )
{
    int i = 5 ;
    int &j = i ;
    int &k = j ;
    int &l = i ;

    cout << i << j << k << l ;
    return 0 ;
}
```

Answer:

No error

(b)
```
#include <iostream>
using namespace std ;
int main( )
{
    int a = 10, b = 20 ;
    long int c ;
    c = a * long int ( b ) ;
    cout << c ;
    return 0 ;
}
```

Answer:

No error. The output of the program would be:

200

The expression **long int (b)** converts the integer **b** temporarily into a **long int**. This is known as a typecast operation.

(c)
```
#include <iostream>
using namespace std ;
const int i = 10 ;
int main( )
{
    const int i = 20 ;
    cout << &i << endl << &::i ;
    return 0 ;
}
```

Answer:

```
002FFD34
01065860
```

(d)
```
#include <iostream>
using namespace std ;
```

```
int main( )
{
    char *p = "Hello" ;
    p = "Hi" ;
    *p = 'G' ;
    cout << p ;
    return 0 ;
}
```

Answer:

No error on compilation. But on execution it results into a runtime exception. This is because here **p** is a pointer to a constant string. So when attempt to change this string in the statement ***p = 'G'** a runtime exception occurs.

(e)
```
#include <iostream>
using namespace std ;
int main( )
{
    enum result { first, second, third } ;
    result a = first ;
    int b = a ;
    result c = 1 ;
    result d = result ( 1 ) ;
    return 0 ;
}
```

Answer:

Error : 'initializing' : cannot convert from 'int' to 'main::result'. Even though enumerators are internally treated as integers, we cannot assign an integer to an **enum** variable. If we wish to do this then we should explicitly use the typecast operator as shown in the statement:

```
result d = result ( 1 ) ;
```

(f)
```
#include <iostream>
using namespace std ;
const int a = 124 ;
int main( )
{
    const int *sample( ) ;
    int *p ;
    p = sample( ) ;
    return 0 ;
}
const int *sample( )
{
    return ( &a ) ;
}
```

Answer:

Error: '=' : cannot convert from 'const int *' to 'int *'.

What we are returning from **sample( )** is **const int *** and we are attempting to collect it in **p,** which is an **int ***. Hence the error.

(g)
```
#include <iostream>
using namespace std ;
int a = 10 ;
int main( )
{
    int a = 20 ;
    {
        int a = 30 ;
        cout << a << ::a << ::::a ;
    }
    return 0 ;
}
```

Answer:

Error: '::' : illegal token on right side of '::'.

The error is reported because there is no operator like '::::'.

(h)
```
#include <iostream>
using namespace std ;
struct emp
{
    char name[20] ;
    int age ;
    float sal ;
};
emp e1 = { "Amol", 21, 2345.00 } ;
emp e2 = { "Ajay", 19, 2300.00 } ;

int main( )
{
    emp &fun( ) ;
    fun( ) = e2 ;
    cout << endl << e1.name << endl << e1.age << endl << e1.sal ;
    return 0 ;
}

emp &fun( )
{
    emp e3 = { "Aditya", 21, 3300.75 } ;
    return e3 ;
}
```

Answer:

No error. The output of the program would be:

```
Amol
21
2345
```

(i)
```
#include <iostream>
using namespace std ;
int main( )
{
    char t[ ] = "String functions are simple" ;
    int l = strlen ( t ) ;
    cout << l ;
    return 0 ;
}
```

Answer:

No error. The output of the program would be:

27

[D] Answer the following:

(a) In the following program how would you define **q**, if the first **cout** is to output "Internet" twice, whereas, the second **cout** is to output "Intranet" twice.

```
#include <iostream>
using namespace std ;
int main( )
{
    char *p = "Internet" ;
    cout << p << q ;
    q = "Intranet" ;
    cout << p << q ;
    return 0 ;
}
```

Answer:

```
char *&q = p ;
```

(b) If **employee** is a structure, **REGS** is a **union** and **maritalstatus** is an **enum** then does there exist any other way in which the following definitions can be made:

```
struct employee e ;
union REGS i ;
enum maritalstatus m ;
```

Answer:

```
employee e ;
REGS i ;
maintenance m ;
```

(c) Can the following statements be written in any other way:

```
employee *p ;
p = ( employee * ) malloc ( sizeof ( e ) ) ;
float q ;
int a, b ;
q = ( float ) a / b ;
```

Answer:

```
employee *p = ( employee* ) malloc ( sizeof ( e ) ) ;
int a, b ;
float q = float ( a / b ) ;
```

(d) Create four integers, four pointers to these integers and four references to them. Store these pointers and references in two arrays and print out the values of four integers using these arrays.

Answer:

```
#include <iostream>
using namespace std ;
```

```
int main( )
{
    int a = 1, b = 2, c = 3, d = 4 ;
    int *pa = &a, *pb = &b, *pc = &c, *pd = &d ;
    int &ra = a ;
    int &rb = b ;
    int &rc = c ;
    int &rd = d ;

    int *pointers[ ] = { pa, pb, pc, pd } ;
    int reference[ ] = { ra, rb, rc, rd } ;
    cout << reference[ 0 ] << reference[ 1 ] << reference[ 2 ]
         << reference[ 3 ] ;
    cout << *( pointers[ 0 ] ) << *( pointers[ 1 ] )
         << *( pointers[ 2 ] ) << *( pointers[ 3 ] ) ;
    return 0 ;
}
```

(e) Complete the following program by defining the function **swapb( )** and its prototype such that the output of the program is **20 10**.

```
#include <iostream>
using namespace std ;
void swapa ( int &, int & ) ;

int main( )
{
    int a = 10, b = 20 ;

    swapa ( a, b ) ;
    cout << a << b ;
    return 0 ;
}

void swapa ( int &x, int &y )
{
```

```
    swapb ( x, y ) ;
}
```

Answer:

Function prototype is:

```
void swapb ( int &, int & ) ;
```

Function definition is:

```
void swapb ( int& x1, int& y1 )
{
    int t ;
    t = x1 ;
    x1 = y1 ;
    y1 = t ;
}
```

(f) When should we make a call by reference?

Answer:

If we want to change the actual arguments or to return more than one value then we should make a call by reference. Generally, in such situations, pointers are used. But using reference is a better idea because a reference is the different name given to the same memory location and so it does not occupy any extra memory.

(g) Why is using **const** a better idea than an equivalent **#define**?

Answer:

Using **const** is a better idea because one can easily change a macro but it is not possible to manipulate a **const** variable providing more security to the variable. Again we can control the scope of a **const** variable as per our requirement which is not possible in case of **#define**.

(h) What are the advantages of **cout** and **cin** over **printf( )** and **scanf( )**?

Answer:

cout and **cin** are more elegant because format specifiers are not required. Moreover they can be used for user defined data types.

(i) Is this a valid comment:

```
// This is an /* invalid */ comment
```

Answer:

Yes, it is a valid comment.

(j) What does the following prototype indicate:

```
const char *fun ( char const*, const char * ) ;
```

Answer:

const char *fun (char const *, const char *) takes two **const** strings and return a **const** string.

CHAPTER

FOUR

Functions

[A] State True or False:

(a) If the function is defined before calling it, there is no need to mention its prototype.

Answer:

True

(b) Two functions can be overloaded if their arguments are similar but their return values are different.

Answer:

False

(c) Two functions can be overloaded only if their arguments differ in number, order or type.

Answer:

True

(d) If default values are mentioned for the four arguments in the function prototype, we can call this function and pass it the first and the fourth argument.

Answer:

False

(e) A function can be overloaded any number of times.

Answer:

True

(f) The assignment operator cannot be overloaded.

Answer:

False

(g) When we define the function to be **inline** there is no guarantee that its code would get inserted at the place where the call is being made.

Answer:

True

(h) The side effects of the macro definition get eliminated if we use **inline** functions.

Answer:

True

[B] Point out the errors, if any, in the following programs.

(a)
```
#include <iostream>
using namespace std ;
int main( )
{
    int a = 30 ;
    f( ) ;
    return 0 ;
}

void f( )
{
    int b = 20 ;
}
```

Answer:

Error: 'f': identifier not found.

This error occurs because we have called **f( )** before defining it.

(b)
```
#include <iostream>
using namespace std ;
void f( )
{
    cout << "Hello" ;
}

int main( )
{
    f( ) ;
    return 0 ;
}
```

Answer:

No Error. If a function is defined before calling it then there is no need to declare it and therefore program does not give any error.

(c)
```
#include <iostream>
using namespace std ;
int f ( int, int ) ;
int f ( int, int ) ;

int main( )
{
    int a ;
    a = f ( 10, 30 ) ;
    cout << a ;
    return 0 ;
}

void f ( int x, int y )
{
```

```
    return x + y ;
}
```

Answer:

Error: 'void f(int,int)' : overloaded function differs only by return type from 'int f(int,int)'.

The error occurs because the return type of the function **f( )** is declared as **int** but while defining it return type is written as **void**.

(d)
```
#include <iostream>
using namespace std ;
int main( )
{
    void fun1 ( void ) ;
    void fun2 ( void ) ;
    fun1( ) ;
    return 0 ;
}

void fun1 ( void )
{
    fun2( ) ;
    cout << endl << "Hi...Hello" ;
}

void fun2 ( void )
{
    cout << endl << "to you" ;
}
```

Answer:

Error: 'fun2': identifier not found.

As prototype of the function **fun2( )** is declared in **main( )** it is not available in **fun1( )** Hence **fun2( )** is being reported as not found. To rectify the error we need to declare the prototypes outside and above **main( )**.

(e)
```
#include <iostream>
using namespace std ;
void f ( int, float ) ;

int main( )
{
    f( ) ;
    return 0 ;
}

void f ( int i = 10, float a = 3.14 )
{
    cout << i << a ;
}
```

Answer:

Error: 'f' : function does not take 0 arguments.

Default arguments must be declared while declaring the function, not while defining it.

(f)
```
#include <iostream>
using namespace std ;
void f ( int = 10, int = 20, int = 30 ) ;
void f ( int, int ) ;

int main( )
{
    f ( 1, 2 ) ;
    return 0 ;
}
```

```
void f ( int x, int y, int z )
{
    cout << endl << x << endl << y << endl << z ;
}

void f ( int x, int y )
{
    cout << endl << x << endl << y ;
}
```

Answer:

Error: Ambiguity in function calls. **f( )** is an overloaded function where user can pass either three or two integers. But the function which can accept three integers has default arguments. If user passes two integers compiler will not know which function it should call and so it gives the error.

[C] Answer the following:

(a) Write a program which calls a function called **cls( )**. This function should be capable of clearing a part of the screen. If the function is called without any arguments then it should clear the entire screen.

Program:

```
#include <dos.h>
union REGS i, o ;

void cls ( int = 0, int = 0, int = 79, int = 24 ) ;
int main( )
{
    cls( ) ;
    return 0 ;
}
void cls ( int x1, int y1, int x2, int y2 )
```

```
{
    i.h.ah = 6 ;
    i.h.al = 0 ;
    i.h.ch = y1 ;
    i.h.cl = x1 ;
    i.h.dh = y2 ;
    i.h.dl = x2 ;
    i.h.bh = 7 ;
    int86 ( 0x10, &i, &o ) ;

    i.h.ah = 2 ;
    i.h.dl = x1 ;
    i.h.dh = y1 ;
    i.h.bh = 0 ;
    int86 ( 0x10, &i, &o ) ;
}
```

Note that this function would work only with TC++ compiler. It won't work with Visual Studio as its library doesn't have a function called **int86( )**.

(b) Write a program which contains a **writestring( )** function which displays a string at a given row and column on a given VDU page, in a given color. If the page number and the color are not passed the page number zero and color number 7 should be used.

Program:

```
#include <dos.h>

writestring ( char *s, int row, int col, int attr = 2, int page = 0 ) ;

int main( )
{
    writestring ( "It Is Raining", 10, 20, 1, 3 ) ;
    return 0 ;
```

```
}

writestring ( char *s, int row, int col, int attr, int page )
{
    char far *v ;
    union REGS i, o ;
    i.h.ah = 5 ;
    i.h.al = page ;
    int86 ( 0x10, &i, &o ) ;

    while ( *s != '\0' )
    {
        v = (char far *) ( 0xB8000000 + 4096 * page ) + row * 160 +
                col * 2 ;
        *v++ = *s++ ;
        *v = attr ;
        col++ ;
    }
}
```

Note that this function would work only with TC++ compiler. It won't work with Visual Studio as its library doesn't have a function called **int86( )**.

(c) Suppose there is a function with the following prototype:

```
void f ( int = 10, int = 20, int = 30, int = 40 )
```

If this function is called by passing 2 arguments to it, how can we make sure that these arguments are treated as first and third, whereas, the second and the fourth are taken as defaults.

Program:

```
#include <iostream>
using namespace std ;
void f ( int = 10, int = 20, int = 30, int = 40 ) ;
```

```
int main( )
{
    f ( 15, 22 ) ;
    return 0 ;
}
void f ( int a, int b, int c, int d )
{
    if ( ( a != 10 ) && ( b != 20 ) && ( c == 30 ) && ( d == 40 ) )
    {
        c = b ;
        b = 20 ;
    }
    cout << a << endl << b << endl << c << endl << d ;
}
```

(d) Write overloaded functions to convert an **int** to an ascii string and to convert a **float** to an ascii string.

Program:

```
#include <iostream>
#include <stdlib.h>
#include <string.h>
using namespace std ;
void f ( int ) ;
void f ( float ) ;

int main( )
{
    int a = 1234 ;
    float f1 = -123.57 ;
    f ( a ) ;
    f ( f1 ) ;
    return 0 ;
}

void f ( int a )
```

```
{
    char str[30] ;
    itoa ( a, str, 10 ) ;
    cout << endl << str ;
}

void f ( float f1 )
{
    int dec, s ;
    char str[30], temp[30] ;

    long i ;
    int count = 1 ;
    float j ;

    i = f1 ;
    itoa ( i, str, 10 ) ;

    j = f1 - i ;

    if ( j < 0 )
        j = j * -1 ;

    while ( count <= 6 )
    {
        j = j * 10 ;
        count++ ;
    }
    strcat ( str, "." ) ;
    ltoa ( j, temp, 10 ) ;
    strcat ( str, temp ) ;

    cout << endl << str ;
}
```

(e) Write overloaded functions to convert an ascii string to an **int** and to convert an ascii string to a **float**.

Answer:

Overloaded function is not possible because both functions will have to be declared as **'convert (char *)'**.

(f) Write function prototypes for the following:

- A function which receives an **int** and a **float** and returns a **double.**
- A function that receives an **int** pointer and **float** reference and returns an **int** pointer.
- A function which doesn't receive anything and doesn't return anything.
- A function that receives an array of **ints**, and a **float** reference and doesn't return anything.

Answer:

- double f1 (int , float) ;
- int *f2 (int *, float &) ;
- void f3 (void) ;
- void f4 (int [ ], float &) ;

(g) Which operators cannot be overloaded?

Answer:

., ::, ? :, * (**value** at) operators cannot be overloaded.

(h) Can we change the hierarchy of operators by overloading them?

Answer:

Overloading the operators cannot change their hierarchy.

CHAPTER FIVE

Classes In C++

[A] State True or False:

(a) By default members of a structure are **public** and that of a class are **private**.

Answer:

True

(b) Nested classes are legal.

Answer:

True

(c) In a class data members are always **private**, whereas, member functions are always **public**.

Answer:

False

(d) It is necessary that a constructor in a class should always be **public**.

Answer:

True

(e) If a class contains a 3-argument constructor then it is necessary to define explicitly a zero-argument, a 1-argument and a 2-argument constructor.

Answer:

False

(f) Member functions of a class have to be called explicitly, whereas, the constructor gets called automatically.

Answer:

True

(g) A constructor gets called whenever an object gets instantiated.

Answer:

True

(h) Constructors can be overloaded.

Answer:

True

(i) A constructor never returns a value.

Answer:

True

(j) Static memory allocation takes place during compilation, whereas, dynamic memory allocation takes place during execution.

Answer:

True

(k) Size of an object is equal to sum of sizes of data members and member functions within the class.

Answer:

False

(l) If the ++ operator has been overloaded then the expressions j++ and ++j would call the same overloaded function.

Answer:

True

(m) When an object goes out of scope its destructor gets called automatically.

Answer:

True

(n) If the binary + operator is overloaded inside a class then while calling it only one argument needs to be passed.

Answer:

True

(o) The **this** pointer always contains the address of the object using which the member function/data is being accessed.

Answer:

True

(p) The **this** pointer can be used even outside the class.

Answer:

False

(q) If member functions of a class are defined outside the class it is necessary to declare them inside the class.

Answer:

True

[B] Point out the errors, if any, in the following programs.

(a)
```
#include <iostream>
#include <string.h>
using namespace std ;
class address
{
    private :
        char name[10] ;
        char city[10] ;
    public :
        address ( char *p, char *q )
        {
            strcpy ( name, p ) ;
            strcpy ( city, q ) ;
        }
}
// main follows here
int main( )
{
    address my ( "Mac", "London" ) ;
    return 0 ;
}
```

Answer:

Error: 'address' followed by 'int' is illegal.
Error: return type of 'main' should be 'int' instead of 'address'.
Error: 'address::address(const address &)' : cannot convert parameter 1 from 'int' to 'const address &'.

This error occurs because of missing ';' after closing brace of class.

(b)
```
#include <iostream>
using namespace std ;
class date
{
```

```
    private :
        int day, month, year ;
        date( )
        {
            day = 7 ;
            month = 9 ;
            year = 1997 ;
        }
} ;

int main( )
{
    date today ;
    return 0 ;
}
```

Answer:

Error: 'date::date' : cannot access private member declared in class 'date'.

This error occurs because since constructor is declared as **private** it is not accessible outside the class.

(c)

```
#include <iostream>
using namespace std ;
class value
{
    private :
        int i ;
        float f ;

    public :
        val( )
        {
            i = 0 ;
            f = 0.0 ;
            return 1 ;
```

```
        }
};

int main( )
{
    val v1 ;
    return 0 ;
}
```

Answer:

Error: missing type specifier - int assumed.
Error: 'val' : undeclared identifier.
Error: syntax error : missing ';' before identifier 'v1'.
Error: 'v1' : undeclared identifier.

This error occurs because name of **class** and constructor are different. In **main( )**, **val** is an undefined symbol. It should be **value v1**.

(d)
```
#include <iostream>
using namespace std ;
class triplets
{
    private :
        int t1, t2, t3 ;

    public :
        triplets ( int x, int y, int z )
        {
            t1 = x ;
            t2 = y ;
            t3 = z ;
        }
        void display( )
        {
            cout << endl << t1 << t2 << t3 ;
        }
```

```
};

int main( )
{
    triplets r ( 2, 3, 4 ), s ;
    r.display( ) ;
    s.display( ) ;
    return 0 ;
}
```

Answer:

Error: 'triplets' : no appropriate default constructor available.

This error occurs because zero argument constructor is missing. It is necessary to write zero argument constructor if any other constructor is present in the class.

(e)

```
#include <iostream>
using namespace std ;
class sample
{
    private :
        int data1 ;
        float data2 ;
    public :
        void sample( ) ;
        void displaydata( ) ;
};

int main( )
{
    sample s ;
    s.showdata( ) ;
    return 0 ;
}
sample::void sample( )
{
```

```
    data1 = 10 ;
    data2 = 20 ;
}
sample::void showdata( )
{
    cout << endl << data1 << data2 ;
}
```

Answer:

Error: type(s) preceding 'sample' (constructor with return type).
Error: 'showdata' : is not a member of 'sample'.
Error: 'void' : illegal token on right side of '::'.

This error occurs because return type of constructor is mentioned. A constructor never returns a value. Also **showdata( )** is not a member function of class; instead it is **displaydata( )**.

(f)

```
#include <iostream>
using namespace std ;
class list
{
    private :
        class node
        {
            int data ;
            node *link ;
        } *p ;
    public :
        void create( )
        {
            p = new node ;
            p.data = 10 ;
            p->data = 10 ;
        }
} ;
```

```
int main( )
{
    list l1 ;
    l1.create( ) ;
    return 0 ;
}
```

Answer:

Error: left of '.data' must have class/struct/union
Error: 'list::node::data' : cannot access private member declared in class 'list::node'

This error occurs because p is a pointer. So instead of **p.data = 10**, it should be **p -> data = 10**. Also **data** is a **private** member of class **node**. Therefore it is not accessible outside the class.

[C] What would be the output of the following programs:

(a)
```
#include <iostream>
using namespace std ;
class user
{
    private :
        int i ;
        float f ;
        char c ;
    public :
        void displaydata( )
        {
            cout << endl << i << '\n' << f <<."\n" << c ;
        }
};

int main( )
{
    cout << sizeof ( user ) ;
```

```
    user u1 ;
    cout << endl << sizeof ( u1 ) ;
    u1.displaydata( ) ;
    return 0 ;
}
```

Output:

```
12
12
garbage integer
garbage float
garbage character
```

(b)
```
#include <iostream>
using namespace std ;
class date
{
    private :
        int dd, mm, yy ;
    public :
        date( )
        {
            cout << endl << "Reached here" ;
        }
};
int main( )
{
    date today ;
    date *p = &today ;
    cout << endl << p ;
    return 0 ;
}
```

Output:

```
Reached here
Address of object today
```

(c)
```
#include <iostream>
using namespace std ;
class student_rec
{
    private :
        int m1, m2, m3 ;
        float percentage ;
    public :
        student_rec( )
        {
            m1 = m2 = m3 = 0 ;
            percentage = 0.0 ;
        }
        void calc_perc ( int x, int y , int z )
        {
            m1 = x ; m2 = y ; m3 = z ;
            percentage = ( m1 + m2 + m3 ) / 3.0 ;
            display_perc( ) ;
        }
        void display_perc( )
        {
            cout << endl << "Percentage = " << percentage << "%" ;
        }
} ;

int main( )
{
    student_rec s1 ;
    s1.display_perc( ) ;
    s1.calc_perc( 35, 35, 35 ) ;
    s1.display_perc( ) ;
    return 0 ;
}
```

Output:

Percentage = 0%

```
Percentage = 35%
Percentage = 35%
```

(d)
```
#include <iostream>
uslng namespace std ;
class control
{
    public :
        control( )
        {
            calculate( ) ;
            cout << endl << "Constructor" ;
        }
        void calculate( )
        {
            display( ) ;
            cout << endl << "Calculator" ;
        }
        void.display( )
        {
            cout << endl << "displayed" ;
        }
} ;

int main( )
{
    control c1 ;
    return 0 ;
}
```

Output:

```
displayed
Calculator
Constructor
```

(e)
```
#include <iostream>
#include <dos.h>
```

```
using namespace std ;
void set_position ( int, int ) ;
class string
{
    private :
        char *p ;
    public :
        string ( char *temp )
        {
            p = temp ;
            display ;
        }
        void display( )
        {
            set_position ( 10, 30 ) ;
            cout << p ;
        }
} ;

int  main( )
{
    string s1 = "abcd" ;
    s1.display( ) ;
    return 0 ;
}

void set_position ( int row, int col )
{
    union REGS i ;
    i.h.ah = 0x02 ;
    i.h.bh = 0 ;
    i.h.dh = row ;
    i. h. dl = col ;
    int86 ( 0x10, &i, &i ) ;
}
```

Output:

The string "abcd" would be displayed at 10th row and 30th column on the screen.
Note that this program would work only with TC++ compiler. It won't work with Visual Studio as its library doesn't have a function called **int86( )**.

[D] Answer the following:

(a) Modify the class **rectangle** discussed in the text of this chapter such that a statement,

```
rectangle r1 = 3 ;
```

assigns a value 3 to **len** as well as **br**.

Program:

```
#include <iostream>
#include <conio.h>
using namespace std ;

class rectangle
{
    private :

        int len, br ;

    public :

        rectangle ( )
        {
        }

        rectangle ( int x )
        {
            len = x ;
```

```
            br = x ;
        }

        void getdata( )
        {
            cout << endl << "Enter length and breadth " ;
            cin >> len >> br ;
        }

        void setdata ( int l, int b )
        {
            len = l ;
            br = b ;
        }

        void displaydata( )
        {
            cout << endl << "length = " << len ;
            cout << endl << "breadth = " << br ;
        }

        void area_peri ( )
        {
            int a, p ;
            a = len * br ;
            p = 2 * ( len + br ) ;
            cout << endl << "area = " << a ;
            cout << endl << "perimeter = " << p ;
        }
} ;

int main( )
{
    rectangle r2, r3 ;

    rectangle r1 = 3 ;
    system ( "cls" ) ;
    r1.displaydata( ) ;
```

```
    r1.area_peri( ) ;

    r2.setdata ( 5, 8 ) ;
    r2.displaydata( ) ;
    r2.area_peri( ) ;

    r3.getdata( ) ;
    r3.displaydata( ) ;
    r3.area_peri( ) ;
    return 0 ;
}
```

(b) Can we increase or decrease the size of an array during execution?

Answer:

We cannot increase or decrease the size of an array during execution.

(c) Point out the reasons why using **new** is a better idea than using **malloc( )**?

Answer:

new is better than **malloc( )** because

(1) **new** returns the pointer of appropriate type therefore typecasting is not needed.

(2) Besides allocating memory **new** also calls constructor.

(d) What is the difference in the following two statements?

```
delete a ;
delete [ ] a ;
```

Answer:

delete a - deletes the thing pointed to by **a**.
delete[ ] a - deletes an array of things pointed to by **a**.

(e) What does the **delete** operator do in addition to deallocating the memory used by the object?

Answer:

In addition to deallocationg memory the **delete** operator calls the destructor.

(f) If there are four objects used in a program how many **this** pointers would exist for these objects and why?

Answer:

Only one **this** pointer exists at any given time.

CHAPTER

SIX

The C++ Free Store

[A] State True or False:

(a) If memory is allocated using **new[ ]** it must be deallocated using **delete[ ]**.

Answer:

True

(b) **new** not only allocates memory but also calls the object's constructor.

Answer:

True

(c) Heap and free store are two different things.

Answer:

False

(d) **delete**ing a NULL pointer is safe and is guaranteed to do nothing.

Answer:

True

(e) In C++ to reallocate memory we should use the **renew** operator.

Answer:

False

(f) The new operator always returns a pointer of appropriate type, whereas, **malloc( )** returns a **void** pointer which needs to be typecasted explicitly.

Answer:

True

(g) Like other operators the **new** operator can also be overloaded.

Answer:

True

(h) We should never **delete** a pointer twice.

Answer:

True

(i) **_new_handler** is a pointer to a function provided by C++ for managing free store exhaustion.

Answer:

True

(j) We can overload the **new** and **delete** operators on a global basis as well as on a class by class basis.

Answer:

True

(k) In one class the **delete** operator can be overload only once.

Answer:

True

(l) It is unsafe to deallocate the memory using **delete** if it has been allocated using **malloc( )**.

Answer:

True

[B] Answer the following:

(a) Does the expression **delete p** delete the pointer or the object being pointed to by **p**?

Answer:

delete p deletes the object pointed to by **p**.

(b) Write a program that will allocate memory for a 1-D, 2-D and a 3-D array of integers. Store some values in these arrays and then print them out. We must be able to access elements of these arrays using forms **a[i]**, **b[i][j]** and **c[i][j][k]**.

Program:

```
#include <iostream>
using namespace std ;

#define MAT1 2
#define MAT2 3
#define MAT3 4

int main( )
{
    int *m1, ( *m2 )[MAT2], ( *m3 )[MAT2][MAT3] ;
    int i, j, k ;

    system ( "cls" ) ;
    m1 = new int[MAT1] ;
    for ( i = 0 ; i < MAT1 ; i++ )
        m1[i] = i ;

    m2 = new int[MAT1][MAT2] ;
```

```
for ( i = 0 ; i < MAT1 ; i++ )
    for ( j = 0 ; j < MAT2 ; j++ )
        m2[i][j] = i + j ;

m3 = new int[MAT1][MAT2][MAT3] ;
for ( i = 0 ; i < MAT1 ; i++ )
    for ( j = 0 ; j < MAT2 ; j++ )
        for ( k = 0 ; k < MAT3 ; k++ )
            m3[i][j][k] = i + j + k ;

cout << "1D array" << endl ;
for ( i = 0 ; i < MAT1 ; i++ )
    cout << "  " << m1[i] ;

cout << endl << "2D array" << endl ;

for ( i = 0 ; i < MAT1 ; i++ )
{
    for ( j = 0 ; j < MAT2 ; j++ )
        cout << "  " << m2[i][j] ;
    cout << endl ;
}

cout << endl << "3D array" << endl ;

for ( i = 0 ; i < MAT1 ; i++ )
{
    for ( j = 0 ; j < MAT2 ; j++ )
    {
        for ( k = 0 ; k < MAT3 ; k++ )
            cout << "  " << m3[i][j][k] ;
        cout << endl ;
    }
    cout << endl ;
}

delete[ ] m1 ;
delete[ ] m2 ;
```

```
    delete[ ] m3 ;
    return 0 ;
}
```

(c) How many bytes would be allocated by the following code?

```
#include <iostream>
using namespace std ;

#define MAXROW 3
#define MAXCOL 4

int main( )
{
    int ( *p )[MAXCOL] ;
    p = new int[MAXROW][MAXCOL] ;
    return 0 ;
}
```

Answer:

48 bytes

(d) What will be the output of the following program?

```
#include <iostream>
using namespace std ;

#define MAXROW 3
#define MAXCOL 4

int main( )
{
    int ( *p )[MAXCOL] ;
    p = new int[ MAXROW ][ MAXCOL ] ;
    cout << endl << sizeof ( p ) << endl << sizeof ( *p ) ;
    return 0 ;
```

```
}
```

Output:

```
4
16
```

(e) Point out the errors, if any, in the following program.

```
#include <iostream>
#include <stdlib.h>
#include <new.h>
using namespace std ;

void memwarning( ) ;

int main( )
{
    void memwarning( ) ;
    set_new_handler ( warning ) ;

    char *p ;
    p = new char[64000u] ;
    return 0 ;
}

void warning( )
{
    cout << endl << "Free store has now gone empty" ;
    exit ( 1 ) ;
}
```

Answer:

Error: 'warning' : undeclared identifier

We should have used the name **memwarning** while setting the new handler as well as while defining the function.

(f) Point out the logical error, if any, in the following program.

```
#include <iostream>
using namespace std ;

class sample
{
    private :

        int *p ;

    public :

        sample( )
        {
            p = new int ;
        }
} ;

int main( )
{
    sample s ;
    return 0 ;
}
```

Answer:

The memory allocated by pointer **p** should be deleted in destructor.

(g) Replace the following code using the **new** operator.

```
#include <iostream>
#include <malloc.h>
using namespace std ;

#define MAXROW 3
#define MAXCOL 4
```

```
int main( )
{
    int ( *p )[ MAXCOL ] ;
    p = ( int ( * ) [ MAXCOL ] ) malloc ( MAXROW * sizeof ( *p ) ) ;
    return 0 ;
}
```

Answer:

```
#include <iostream>
using namespace std ;

#define MAXROW 3
#define MAXCOL 4

int main( )
{
    int ( *p )[MAXCOL] ;
    p = new int[MAXROW][MAXCOL] ;
    return 0 ;
}
```

(h) Replace the following code using the **new** operator.

```
#include <iostream>
#include <malloc.h>
using namespace std ;

#define MAXROW 3
#define MAXCOL 4

int main( )
{
    int ( *p )[ MAXROW ][ MAXCOL ] ;
    p = ( int ( * ) [ MAXROW ][ MAXCOL ] ) malloc ( sizeof ( *p ) ) ;
    return 0 ;
}
```

Answer:

```
#include <iostream>
using namespace std ;

#define MAXROW 3
#define MAXCOL 4

int main( )
{
    int **p, i ;
    p = new int* ;
    for ( i = 0 ; i < MAXROW ; i++ )
        p[i] = new int ;
    return 0 ;
}
```

(i) Replace the following code using the **new** operator.

```
#include <iostream>
#include <malloc.h>
using namespace std ;

#define MAXROW 3
#define MAXCOL 4

int main( )
{
    int **p, i ;
    p = ( int ** ) malloc ( MAXROW * sizeof ( int * ) ) ;
    for ( i = 0 ; i < MAXROW ; i++ )
        p[i] = ( int * ) malloc ( MAXCOL * sizeof ( int ) ) ;
    return 0 ;
}
```

Answer:

```
#include <iostream>
using namespace std ;

#define MAXROW 3
#define MAXCOL 4

int main( )
{
    int **p, i, j ;
    p = new int *[MAXROW] ;
    p[0] = new int[MAXCOL] ;
    for ( i = 0 ; i < MAXROW ; i++ )
        p[i] = p[0] + i * MAXCOL ;
    return 0 ;
}
```

(j) Replace the following code using the **new** operator.

```
#include <iostream>
#include <malloc.h>
using namespace std ;

#define MAXROW 3
#define MAXCOL 4
int main( )
{
    int **p, i, j ;
    p = ( int ** ) malloc ( MAXROW * sizeof ( int * ) ) ;
    p[0] = ( int * ) malloc ( MAXROW * MAXCOL * sizeof ( int ) ) ;

    for ( i = 0 ; i < MAXROW ; i++ )
        p[i] = p[0] + i * MAXCOL ;
    return 0 ;
}
```

Answer:

```
#include <iostream>
using namespace std ;

#define MAXROW 3
#define MAXCOL 4
int main( )
{
    int **p ;
    int i ;
    p = new int* [MAXROW] ;
    *p = new int [MAXROW * MAXCOL] ;

    for ( i = 0 ; i < MAXROW ; i++ )
        p[i] = p[0] + i * MAXCOL ;
    return 0 ;
}
```

CHAPTER

SEVEN

Miscellaneous Class Issues

[A] State True or False:

(a) A **static** data member is useful when all objects of the same class must share a common item of information.

Answer:

True

(b) If a class has a **static** data member and three objects are created from this class, then each object would have its own **static** data member.

Answer:

False

(c) A class can have **static** data members as well as **static** member functions.

Answer:

True

(d) A **static** data member's definition appears in the class declaration, but the variable is actually declared outside the class.

Answer:

False

(e) If **display( )** is a **static** member function of a class called **sample** then it can be called in the following way:

```
sample s1 ;
s1.display( ) ;
```

Answer:

True

(f) If **display( )** is a **static** member function of a class called **sample** then it can be called in the following way:

```
sample::display( ) ;
```

Answer:

True

(g) The **const** can be used on member functions of a class as well as on member function arguments.

Answer:

True

(h) A **const** member function prevents modification of any of its class's member data.

Answer:

True

(i) If a member function of a class is to be **const** then it is necessary to use **const** in declaration as well as definition of the member function.

Answer:

True

(j) You can use only **const** member functions with **const** objects.

Answer:

True

(k) If we don't provide an assignment operator in a class declaration then the compiler automatically adds one to our class.

Answer:

True

(l) If we don't provide a copy constructor in a class declaration then the compiler automatically adds one.

Answer:

True

(m) The following two set of statements are same:

```
sample s1 ;
s1 = s2 ;
```

and

```
sample s1 = s2 ;
```

Answer:

False

(n) It is not possible to return a local object by reference.

Answer:

True

(o) When an object is passed to a function or returned from a function the copy constructor gets called.

Answer:

True

(p) To carry out conversion from an object to a basic type or vice versa it is necessary to provide the conversion functions.

Answer:

False

(q) To carry out conversion from object of one type to another it is necessary to provide the conversion functions.

Answer:

True

[B] Point out the errors, if any, in the following programs.

(a)
```
#include <iostream>
using namespace std ;
class sample
{
    private :
        static int count ;
    public:
        sample( )
        {
            count = 10 ;
        }

        void display( ) const
        {
            cout << endl << "count = " << count ;
        }
};
```

```
int main( )
{
    sample s1, s2, s3 ;
    s1. display ( ) ;
    s2. display ( ) ;
    s3. display ( ) ;
    return 0 ;
}
```

Answer:

Error: unresolved external symbol "private: static int sample::count".

This error occurs because **static int count** should be initialized after class declaration and not in the constructor.

(b)
```
#include <iostream>
using namespace std ;
class example
{
    private :
        int data ;
    public:
        example( ) ;
        void display( ) const ;
} ;
example::example( )
{
    data = 0 ;
}
example::display( )
{
    cout << endl << "count = " << count ;
}

int main( )
{
```

```
    example d ;
    d.display( ) ;
    return 0 ;
}
```

Answer:

Error: missing type specifier - int assumed.
Error: 'int example::display(void)' : overloaded member function not found in 'example'

This error occurs because **count** is not declared. If a function is a **const** member function then **const** must be used in declaration as well as definition of the function.

[C] Answer the following:

(a) In which of the following cases can we use **const** :

- On normal variables
- On function arguments
- On member functions of a class
- On member function arguments
- On objects

Answer:

On normal variables
On function arguments
On member functions of a class
On member function arguments
On objects

(b) If we wish to provide an assignment operator and a copy constructor within a class called **rectangle** what would be their prototypes?

Answer:

```
rectangle& operator = ( rectangle& ) ;
rectangle ( rectangle& ) ;
```

(c) Write a program that consists of two classes **time12** and **time24**. The first one maintains time on a 12-hour basis, whereas the other one maintains it on a 24-hour basis. Provide conversion functions to carry out the conversion from object of one type to another.

Program:

```
#include <iostream>
#include <string.h>
using namespace std ;

char str[3] ;

class time12
{
    public :

        int hr ;
        int min ;
        int sec ;
        time12( ) ;
        time12 ( int, int, int ) ;
        time12 ( int, int, int, char* ) ;
        void printtime( ) ;
} ;

time12::time12( )
{
}

time12::time12 ( int h, int m, int s )
```

```
{
    hr = h ;
    min = m ;
    sec = s ;
}

time12::time12 ( int h, int m, int s, char *str1 )
{
    hr = h ;
    min = m ;
    sec = s ;

    strcpy ( str, str1 ) ;
}

void time12::printtime( )
{
    cout << "Conversion of 24 hrs. to 12 hrs." << endl ;
    cout << endl << hr << " : " << min  << " : " << sec << " " << str ;
}

class time24
{
    private :

        int hr ;
        int min ;
        int sec ;

    public :

        time24( ) ;
        time24 ( int, int, int ) ;
        operator time12( ) ;
        time24 operator = ( time12 ) ;
        void printtime( ) ;
} ;
```

```
time24::time24( )
{
}

time24::time24 ( int i, int j, int k )
{
    hr = i ;
    min = j ;
    sec = k ;
}

time24::operator time12( )
{
    int h, m, s ;

    if ( hr > 12 )
    {
        h = hr - 12 ;
        strcpy ( str, "pm" ) ;

    }
    else
    {
        h = hr ;
        strcpy ( str, "am" ) ;
    }
    m = min ;
    s = sec ;

    return time12 ( h, m, s, str ) ;
}

time24 time24::operator = ( time12 t )
{
    if ( ! ( strcmp ( str, "am" ) ) )
    {
        hr = t.hr ;
    }
```

```
        else
        {
            hr = t.hr + 12 ;
        }
        min = t.min ;
        sec = t.sec ;

        return time24 ( hr, min, sec ) ;
    }

    void time24::printtime( )
    {
        cout << "Conversion of 12 hrs. to 24 hrs." << endl ;
        cout << endl << hr << " : " << min  << " : " << sec << " " << str ;
    }

    int  main( )
    {
        time12 time12obj1 ;
        time24 time24obj1 ( 3, 40, 25 ) ;
        time12obj1 = time24obj1 ;

        time12obj1.printtime( ) ;

        time12 time12obj2 ( 2, 30, 44, "am" ) ;
        time24 time24obj2 ;
        time24obj2 = time12obj2 ;

        time24obj2.printtime( ) ;
        return 0 ;
    }
```

(d) Write a program that implements a **date** class containing data members **day**, **month** and **year**. Implement assignment operator and copy constructor in this class.

Program:

```
#include <iostream>
using namespace std ;

class date
{
    private :

        int dt ;
        int mon ;
        int yr ;

    public :

        date( )
        {
        }

        date ( int d, int m, int y )
        {
            dt = d ;
            mon = m ;
            yr = y ;
        }

        date operator = ( date d )
        {
            dt = d.dt ;
            mon = d.mon ;
            yr = d.yr ;
            return date ( dt, mon, yr ) ;
        }

        date ( date& d )
        {
            dt = d.dt ;
            mon = d.mon ;
```

```
            yr = d.yr ;
        }

        void print( )
        {
            cout << endl << dt << '-' << mon << '-' << yr ;
        }
};

int main( )
{
    date d1, d2 ( 12, 5, 2010 ) ;
    d1 = d2 ;
    d1.print( ) ;

    date d3 = d2 ;
    d3.print( ) ;
    return 0 ;
}
```

CHAPTER EIGHT

Data Structures Through C++

[A] State True or False:

(a) In a binary tree a node may have more than two children.

Answer:

False

(b) To reach the last node in a linked list it is necessary to traverse the entire linked list.

Answer:

True

(c) A stack can be implemented using an array or a linked list.

Answer:

True

(d) Stacks are useful in keeping track of function calls.

Answer:

True

(e) The keys typed from the keyboard are usually stored in a queue.

Answer:

True

(f) Queues are FIFO lists.

Answer:

True

(g) In a binary search tree the right child of a node always has a value greater than the value stored in the node.

Answer:

True

(h) Binary trees can be implemented using arrays.

Answer:

True

(i) If we traverse a BST in inorder we get the list in ascending order.

Answer:

True

(j) A doubly linked circular linked list can exist, where each node can have a pointer to the next as well as the previous node in the list, and the last node can point to the first node and the first node to the last.

Answer:

True

(k) To reach any node in a binary tree it is necessary to start the traversal from the root node.

Answer:

True

[B] Answer the following:

(a) Improve the linked list class by incorporating the following functions to:

- Compare whether two linked lists' contents are same or not.
- Copy contents of one linked list into another.

Program:

```
// Program of comparing and copying the contents of two link list

#include <iostream>
using namespace std ;

#define TRUE 1
#define FALSE 0

struct node
{
    int data ;
    node *link ;
};

class linklist
{
    private :

        node* p ;

    public :

        linklist( )
        {
            p = NULL ;
        }
```

```
void append( int item )
{
    node *q, *t ;
    // if the list is empty.
    if ( p == NULL )
    {
        p = new node ;
        p -> data = item ;
        p -> link = NULL ;
    }
    else
    {
        q = p ;
        // go to the last node.
        while ( q -> link != NULL )
            q = q -> link ;

        t = new node ;
        t -> data = item ;
        t -> link = NULL ;
        q -> link = t ;
    }
}

void display( )
{
    node *q ;
    cout << endl ;

    for ( q = p ; q != NULL ; q = q -> link )
        cout << endl << q -> data ;
}

int operator == ( linklist x )
{
    node *s ;
    node *t ;
    t = x.p ;
```

```
            int flag ;

            for ( s = p ; s != NULL ; s = s -> link )
            {

                if ( s -> data == t -> data )
                    flag = TRUE ;
                else
                {
                    flag = FALSE ;
                    return flag ;
                }
                t = t -> link ;
            }
            return flag ;
        }

        void copy ( linklist ll )
        {
            node *s, *t ;
            s = ll.p ;
            p = ll.p ;

            for (       s = p ;  s != NULL ; s = s -> link )
            {
                t = new node ;
                t -> data = s -> data ;
                t -> link = s -> link ;
            }
        }
} ;

int main( )
{
    linklist l1, l2, l3 ;
    system ( "cls" ) ;

    l1.append ( 10 ) ;
```

```
    l1.append ( 20 ) ;
    l1.append ( 30 ) ;

    l1.display( ) ;

    l2.append ( 10 ) ;
    l2.append ( 20 ) ;
    l2.append ( 30 ) ;

    if ( l1 == l2 )
        cout << endl << "Lists are equal"  ;
    else
        cout << endl << "Lists are not equal" ;

    l3.copy ( l1 ) ;
    l3.display( ) ;
    return 0 ;
}
```

(b) Change the tree class's **in( )** function to traverse a BST in **inorder** without using recursion.

Program:

```
// Program of Binary search Tree.

#include <iostream>
using namespace std ;

#define FALSE 0
#define TRUE 1

class tree
{
    private :

        struct node
        {
```

```
            node *l ;
            int data ;
            node *r ;
        } *p ;

    public :

        tree( ) ;
        void search( int n, int &found, node *&parent ) ;
        void insert ( int n ) ;
        void traverse (.) ;
        void in ( node *t ) ;
        void pre ( node *q ) ;
        void post ( node *q ) ;
        int operator == ( tree t ) ;
        int compare ( node *pp, node *qq ) ;
        void operator = ( tree t ) ;
        node * copy ( node* q ) ;
} ;

tree::tree( )
{
    p = NULL ;
}

void tree :: search ( int n, int &found, node* &parent )
{
    node *q ;
    found = FALSE ;
    parent = NULL ;

    if ( p == NULL )
        return ;

    q = p ;

    while ( q != NULL )
    {
```

```
            if ( q -> data == n )
            {
                found = TRUE ;
                return ;
            }
            if ( q -> data > n )
            {
                parent = q ;
                q = q -> l ;
            }
            else
            {
                parent = q ;
                q = q -> r ;
            }
        }
}

void tree :: insert ( int n )
{
        int found ;
        node *t , *parent ;

        search ( n, found, parent ) ;

        if ( found == TRUE )
            cout << endl << "Such a node already exist" ;
        else
        {
            t = new node ;
            t -> data = n ;
            t -> l = NULL ;
            t -> r = NULL ;

            if ( parent == NULL )
                p = t ;
            else
                parent -> data > n ? parent ->l = t :parent -> r = t ;
```

```
    }
}

void tree :: traverse( )
{
    int choice ;
    cout << endl << "1. Inorder" ;
    cout << endl << "2.Preorder" ;
    cout << endl << "3.Postorder" ;
    cout << endl << "Your Choice" ;
    cin >> choice ;

    switch ( choice )
    {
        case 1 :
            in ( p ) ;
            break ;

        case 2 :
            pre ( p ) ;
            break ;

        case 3 :
            post ( p ) ;
            break ;
    }
}

void tree:: in ( node *t )
{
    node *q, *q1 ;
    q1 = q = t ;

    while ( q != NULL )
    {
        q = q -> l ;

        if ( q != NULL )
```

```
                cout << endl << q -> data ;
            else
            {
                q = q1 ;
                cout << endl << q -> data ;
                q = q -> r ;
                q1 = q ;
            }
        }
    }

    void tree :: pre ( node *q )
    {
        if ( q != NULL )
        {
            cout << '\t' << q -> data ;
            pre ( q -> l ) ;
            pre ( q -> r ) ;
        }
    }

    void tree :: post ( node *q )
    {
        if ( q != NULL )
        {
            post ( q -> l ) ;
            post ( q -> r ) ;

            cout << '\t' << q -> data ;
        }
    }

    int tree :: operator == ( tree t )
    {
        int flag ;
        flag = compare ( p, t.p ) ;
        return ( flag ) ;
    }
```

```
int tree :: compare ( node *pp, node *qq )
{
    static int flag ;

    if ( ( pp == NULL ) && ( qq == NULL ) )
        flag = TRUE ;
    else
    {
        if ( ( pp != NULL ) && ( qq != NULL ) )
        {
            if ( pp -> data != qq -> data )
                flag = FALSE ;
            else
            {
                compare ( pp -> l, qq -> r ) ;
                compare ( qq -> l, qq -> r ) ;
            }
        }
    }
    return ( flag ) ;
}

void tree :: operator = ( tree t )
{
    p = copy ( t.p ) ;
}

tree :: node * tree :: copy ( node *q )
{
    node *t ;

    if ( q != NULL )
    {
        t = new node ;
        t -> data = q -> data ;
        t -> l = copy ( q -> l ) ;
        t -> r = copy ( q -> r ) ;
```

```
            return ( t ) ;
        }
        else
            return ( NULL ) ;
    }

    int main( )
    {
        tree tt, ss ;
        int i, num ;
        system ( "cls" ) ;
        for ( i = 0 ; i <= 6 ; i++ )
        {
            cout << endl << "Enter the data for the node to be inserted" ;
            cin >> num ;
            tt.insert ( num ) ;
        }

        tt.traverse( ) ;
        ss = tt ;
        ss.traverse( ) ;

        if ( ss == tt )
            cout << endl << "Tree Are Equal" ;
        else
            cout << endl << "tree are Unequal " ;

        return 0 ;
    }
```

(c) Write a program to implement a stack as a circular linked list.

Program:

```
// Program of stack as linked list

#include <iostream>
using namespace std ;
```

```
struct node
{
    int data ;
    node *link ;
} ;

class cirstack
{
    private :

        node *top, *bottom ;

    public :

        cirstack( )
        {
            top = bottom = NULL ;
        }

        void push ( int num )
        {
            node *temp ;
            temp = new node ;
            temp -> data = num ;

            if ( top == NULL )
            {
                top = bottom = temp ;
            }
            else
            {
                temp -> link = top ;
                top = temp ;
            }
            bottom -> link = top ;
        }
```

```
int pop ( )
{
    node *temp ;
    int num ;

    if ( top == NULL )
    {
        cout << endl << "Stack is empty" ;
        return NULL ;
    }
    else
    {
        temp = top ;
        num = top -> data ;

        if ( top == bottom )
        {
            top = bottom = NULL ;
        }
        else
        {
            top = top -> link ;
            bottom -> link = top ;
        }

        delete temp ;
        return num ;
    }
}

void display( )
{
    node *q ;
    q = top ;

    if ( top == NULL )
    {
        cout << endl << "Stack is empty" ;
```

```
                return ;
            }

            do
            {
                cout << endl << q -> data ;
                q = q -> link ;
            } while ( q != top ) ;
        }

        ~cirstack( )
        {
            node *temp ;

            while ( top != NULL )
            {
                temp = top ;

                if ( top == bottom )
                    top = bottom = NULL ;
                else
                {
                    top = top -> link ;
                    bottom -> link = top ;
                }
                delete temp ;
            }
        }
};

int main( )
{
    system ( "cls" ) ;
    cirstack s ;

    s.push ( 10 ) ;
    s.push ( 20 ) ;
    s.push ( 30 ) ;
```

```
    s.push ( 40 ) ;

    s.display( ) ;

    int i = s.pop( ) ;
    cout << endl << "Number poped = "<< i ;

    i = s.pop( ) ;
    cout << endl << "Number poped = "<< i ;

    s.display( ) ;
    return 0 ;
}
```

(d) Write a program to implement a doubly linked list, where each node has two pointers in addition to data: one pointing to the previous node in the list and another pointing to the next node in the list.

Program:

```
// Program of doubly linked list.

#include <iostream>
using namespace std ;

struct node
{
    node *prev ;
    int data ;
    node *next ;
} ;

class linklist
{
    private :

        node *p ;
```

```
public :

    linklist( )
    {
        p = NULL ;
    }

    void append ( int num )
    {
        node *q, *t ;

        q = p ;

        if ( q == NULL )
        {
            q = new node ;
            q -> prev = NULL ;
            q -> data = num ;
            q -> next = NULL ;
            p = q ;
        }
        else
        {
            while ( q -> next != NULL )
                q = q -> next ;

            t = new node ;
            t -> prev = q ;
            t -> data = num ;
            t -> next = NULL ;
            q -> next = t ;
        }
    }

    void addatbeg ( int num )
    {
        node *q ;
```

```
        q = new node ;
        q -> prev = NULL ;
        q -> data = num ;
        q -> next = p ;
        p -> prev = q ;
        p = q ;
}

void addafter ( int loc, int num )
{
        node *t, *q ;
        q = p ;

        for ( int i = 0 ; i < loc ; i++ )
        {
                q = q -> next ;
                if ( q == NULL )
                {
                        cout << endl << "There are less than " << loc
                                    <<" element" ;
                        return ;
                }
        }

        q = q -> prev ;

        t = new node ;
        t -> data = num ;
        t -> prev = q ;
        t -> next = q -> next ;
        t -> next -> prev = t ;
        q -> next = t ;
}

void deletenode ( int num )
{
        node *q = p ;
```

```
        // traverse the entire list
        while ( q != NULL )
        {
            // if node to be deleted is found
            if ( q -> data == num )
            {
                if ( q == p )
                {
                    p = p -> next ;
                    p -> prev = NULL ;
                }
                else
                {
                    if ( q -> next == NULL )
                        q -> prev -> next = NULL ;
                    else
                    {
                        q -> prev -> next = q -> next ;
                        q -> next -> prev = q -> prev ;
                    }
                    delete q ;
                }
                return ;
            }
            q = q -> next ;
        }
    }

    void display( )
    {
        node *q ;
        q = p ;

        cout << endl ;

        while ( q != NULL )
        {
            cout << endl << q -> data ;
```

```
                q = q -> next ;
            }
        }

        int count ( )
        {
            node *q ;
            q = p ;

            int c = 0 ;

            while ( q != NULL )
            {
                q = q -> next ;
                c++ ;
            }
            return c ;
        }
} ;

int main( )
{
    system ( "cls" ) ;

    linklist l1 ;

    l1.append ( 11 ) ;
    l1.append ( 22 ) ;

    l1.display( ) ;

    l1.addatbeg ( 33 ) ;
    l1.addatbeg ( 44 ) ;
    l1.display( ) ;

    l1.addafter ( 1, 100 ) ;
    l1.addafter ( 2, 200 ) ;
    l1.display( ) ;
```

```
    l1.deletenode ( 33 ) ;
    l1.deletenode ( 44 ) ;

    l1.display( ) ;

    return 0 ;
}
```

CHAPTER NINE

Inheritance

[A] State True or False:

(a) We can derive a class from a base class even if the base class's source code is not available.

Answer:

True

(b) Multiple inheritance is different from multiple levels of inheritance.

Answer:

True

(c) The way a derived class member function can access base class **protected** and **public** members, the base class member functions can access **protected** and **public** member functions of derived class.

Answer:

False

(d) It is possible to derive a derived class through **public** derivation, **private** derivation or **protected** derivation.

Answer:

True

(e) A derived class member function has an access to **protected** and **public** members of base class, irrespective of whether the derived class has been derived **public**ly or **private**ly.

Answer:

True

(f) If the derived class has been derived **publicly** then a derived class object, can access **public** members of base class.

Answer:

True

(g) An object of a derived class (however derived) cannot access **private** or **protected** members of base class.

Answer:

True

(h) **private** members of base class cannot be accessed by derived class member functions or objects of derived class.

Answer:

True

(i) In **public** inheritance the **protected** members of the base class become **public** for the functions outside the derived class.

Answer:

False

(j) There is no difference between **private** and **protected** inheritance.

Answer:

False

(k) In **private** inheritance part of the base class interface can be made available to the functions outside the derived class.

Answer:

True

(l) The size of a derived class object is equal to the sum of sizes of data members in base class and the derived class.

Answer:

True

(m) Creating a derived class from a base class requires fundamental changes to the base class.

Answer:

False

(n) If a base class contains a member function **func( )**, and a derived class does not contain a function with this name, an object of the derived class cannot access **func( )**.

Answer:

False

(o) If no constructors are specified for a derived class, objects of the derived class will use the constructors in the base class.

Answer:

True

(p) If a base class and a derived class each include a member function with the same name, the member function of the derived class will be called by an object of the derived class

Answer:

True

(q) A class **D** can be derived from a class **C**, which is derived from a class **B**, which is derived from a class **A**.

Answer:

True

(r) It is illegal to make objects of one class members of another class.

Answer:

False

[B] What will be the output of the following programs:

(a)
```
#include <iostream>
using namespace std ;

class base
{
    private :
        int i ;
} ;

class derived : public base
{
    private :
        int j ;
} ;

int main( )
{
    cout << endl << sizeof ( derived ) << endl << sizeof ( base ) ;
```

```
    derived o1 ;
    base o2 ;
    cout << endl << sizeof ( o1 ) << endl << sizeof ( o2 ) ;
    return 0 ;
}
```

Output:

```
8
4
8
4
```

(b)
```
#include <iostream>
using namespace std ;

class base1
{
    private :
        int b1 ;
} ;

class base2
{
    private :
        int b2 ;
} ;

class derived : public base1, public base2
{
    private :
    int d1 ;
} ;

int main( )
{
    cout << endl << sizeof ( base1 ) << endl << sizeof ( base2 )
        << endl << sizeof ( derived ) ;
```

```
    return 0 ;
}
```

Output:

```
4
4
12
```

(c)

```
#include <iostream>
using namespace std ;

class base
{
    protected :
        int i ;

    public :
        base( )
        {
            cout << endl << &i ;
        }
} ;

class derived: public base
{
    public :
        derived( ) : base( )
        {
            cout << endl << &i ;
        }
} ;

int main( )
{
    derived d1 ;
    base b1 ;
    return 0 ;
```

```
}
```

Output:

```
0x8e89fff4
0x8e89fff4
0x8e89fff2
```

(d)

```
#include <iostream>
using namespace std ;

class base
{
    protected :
        int i ;

    public :
        void funct( )
        {
            cout << endl << &i ;
        }
} ;

class derived : public base
{
    private :
        int i ;

    public :
        derived( )
        {
            cout << endl << &i ;
            funct( ) ;
        }
} ;

int main( )
{
```

```
    derived d1 ;
    return 0 ;
}
```

Output:

```
0x8e89fff4
0x8e89fff2
```

(e)
```
#include <iostream>
using namespace std ;

int top = 3 ;

class base
{
    protected :
        int top ;

    public :
        base( )
        {
            top = 2 ;
            cout << endl << top ;
        }
};

class derived : public base
{
    private :
        int top ;

    public :
        derived( ) : base( )
        {
            top = 1 ;
            cout << endl << top ;
            cout << endl << base::top ;
```

```
            cout << endl << ::top ;
        }
};

int main( )
{
    derived d1 ;
    return 0 ;
}
```

Output:

```
2
1
2
3
```

(f)
```
#include <iostream>
using namespace std ;

class index
{
    protected :
        int count ;

    public :
        index( )
        {
            count = 0 ;
        }

        void operator ++( )
        {
            count++ ;
        }

        void display( )
        {
```

```
            cout << endl << count ;
        }
};

int main( )
{
    index c ;
    c++ ;
    c.display( ) ;
    ++c ;
    c.display( ) ;
    return 0 ;
}
```

Output:

```
1
2
```

(g)
```
#include <iostream>
using namespace std ;

class base
{
    public :
        base( )
        {
            cout << endl << "third" ;
        }
};

class derived1 : public base
{
    public :
        derived1( ) : base( )
        {
            cout << endl << "second" ;
        }
```

```
};

class derived2 : public derived1
{
    public :
        derived2( ) : derived1( )
        {
            cout << endl << "first" ;
        }
};

int main( )
{
    derived2 object ;
    return 0 ;
}
```

Output:

```
third
second
first
```

[C] Point out the errors, if any, in the following programs.

(a)
```
#include <iostream>
using namespace std ;

class base1
{
    int b1 ;
};

class base2
{
    int b2 ;
};
```

```
class derived : public base1, base2
{
};

int  main( )
{
    return 0 ;
}
```

Answer:

No error

(b)
```
#include <iostream>
using namespace std ;

void print( ) ;

class base1
{
    protected :
        void print( )
        {
            cout << "Hello" ;
        }
};

class base2
{
    public :
        void print ( )
        {
            cout << "Hi" ;
            ::print( ) ;
        }
};

void print( )
```

```
{
    cout << "err" ;
}

int main( )
{
    base1 b1 ;
    base2 b2 ;
    b1.print( ) ;
    b2.print( ) ;
    return 0 ;
}
```

Answer:

Error: 'base1::print' : cannot access protected member declared in class 'base1'.

This error occurs because **print( )** function of **base1** is not accessible as it is a **protected** member function.

(c)

```
#include <iostream>
using namespace std ;

class base
{
    private :
        int i ;

    public :
        float j ;

        base( )
        {
            i = j = 99 ;
        }
} ;
```

```
class derived : public base
{
    public :
        derived( ) : base( )
        {
            cout << i << j ;
        }
};

int main( )
{
    derived d1 ;
    return 0 ;
}
```

Answer:

Error: 'base::i' : cannot access private member declared in class 'base'.

This error occurs because **'i'** is **private** data member of class **base** hence cannot be accessible in constructor class of **derived.**

(d)
```
#include <iostream>
using namespace std ;

class base
{
    protected :
        int i ;
        float j ;

    public:
        base( )
        {
            i = j = 99 ;
        }
```

```
};

class derived : public base
{
    public :
        derived( ) : base( )
        {
            cout << i << j ;
        }
};

int main( )
{
    derived d1 ;
    return 0 ;
}
```

Answer:

No error

(e)
```
#include <iostream>
using namespace std ;

class base
{
    public :
        void f1( )
        {
            cout << "cout" ;
        }
};

class derived : public base
{
    public :
        void f2( )
        {
```

```
            cout << "cin" ;
        }
};

int main( )
{
    base b1 ;
    derived d1 ;
    b1.f2( ) ;
    d1.f1( ) ;
    return 0 ;
}
```

Answer:

Error: 'f2' : is not a member of 'base'.

This error occurs because **base** class cannot access data members and functions of classes which are derived from it, whereas reverse of it is true, hence **f2( )** is not accessible by **base** class.

(f)
```
#include <iostream>
using namespace std ;

class base
{
    public :
        void func1( )
        {
            cout << "Hello" ;
        }
};

class der1 : public base
{
    public :
        void func2( )
```

```
        {
            cout << endl << "Hi" ;
        }
};

class der2 : private base
{
    public :
        void func3( )
        {
            cout << endl << "Goodbye!" ;
        }
};

int main( )
{
    der1 o1 ;
    der2 o2 ;
    o1.func1( ) ;
    o2.func1( ) ;
    return 0 ;
}
```

Answer:

Error: 'base::func1' not accessible because 'der2' uses 'private' to inherit from 'base'.

This error occurs because **class der2** is **private**ly derived from **class base**, object of **der2** cannot access member function of **base**. Hence **o2** cannot access **func1( )**.

(g)
```
#include <iostream>
using namespace std ;

class base
{
    public :
```

```
        base( )
        {
            cout << "base class" ;
        }
};

class derived : public base
{
    public :
        void a( ) : base( )
        {
            cout << "derived class" ;
        }
};

int main( )
{
    derived d ;
    return 0 ;
}
```

Answer:

Error: 'a' : only a constructor can have a base/member initializer list
Error: 'derived' : constructors not allowed a return type

We cannot access **base class** constructor using ordinary function (except **derived class** constructor).

[D] Answer the following:

(a) Implement a **string** class containing the following functions:

- Overloaded + operator function to carry out the concatenation of strings.
- Overloaded = (assignment) operator function to carry out string copy.

- Overloaded += operator function.
- Function to display the length of a string.
- Function to display the size of a string.
- Function **tolower( )** to convert upper case letters to lowercase.
- Function **toupper( )** to convert lower case letters to uppercase.

Program:

```
// Implementation of Mystring class with overloaded operator functions.

#include <iostream>
#include <string.h>
using namespace std ;

class Mystring
{
    private :

        char str[100] ;

    public :

        Mystring( )
        {
        }

        Mystring ( char *t )
        {
            strcpy ( str, t ) ;
        }

        Mystring& operator = ( Mystring& t )
        {
            strcpy ( str, t.str ) ;
            return *this ;
```

```
}

Mystring& operator + ( Mystring& t )
{
    strcat ( str, t.str ) ;
    return *this ;
}

Mystring&  operator += ( Mystring &t )
{
    strcat ( str, t.str ) ;
    return * this ;
}

void length( )
{
    int l = strlen ( str ) ;
    cout << endl << "Length of Mystring = " << l << endl ;
}

void size( )
{
    int sz = 0 ;
    char *t = str ;
    while ( *t++ != '\0' )
        sz++ ;
    cout << endl << "Size of Mystring = " << sz + 1 << endl ;
}

void tolower( )
{
    strlwr ( str ) ;
}

void toupper ( )
{
    strupr ( str ) ;
}
```

```
        void print( )
        {
            cout << str << endl ;
        }
};

int main( )
{
    system ( "cls" ) ;

    Mystring st1 ( "Quest!" ), st2 ( "IT Learning At Its Best" ), st3 ;
    st3 = st1 + st2 ;
    cout << endl << "st3 = st1 + st2" << endl ;
    st3.print( ) ;

    cout << endl << "st1 += st2" << endl ;
    st1 += st2 ;
    st1.print( ) ;

    cout << endl << "st3 = st1" << endl ;
    st3 = st1 ;
    st3.print( ) ;

    st1.size( ) ;
    st1.length( ) ;

    cout << endl << "After uppercase conversion" << endl ;
    st1.toupper ( ) ;
    st1.print( ) ;

    cout << endl << "After lowercase conversion" << endl ;
    st3.tolower( ) ;
    st3.print( ) ;
    return 0 ;
}
```

(b) Suppose there is a base class **B** and a derived class **D** derived from **B**. **B** has two public member functions **b1( )** and **b2( )**, whereas **D** has two member functions **d1( )** and **d2( )**. Write these classes for the following different situations:

- **b1( )** should be accessible in **main( )**, **b2( )** should not be.
- Neither **b1( )**, nor **b2( )** should be accessible in **main( )**.
- Both **b1( )** and **b2( )** should be accessible in **main( )**.

Program:

```
// b1( ) should be accessible in main( ), b2( )should not be.

#include <iostream>
using namespace std ;

class B
{
    public :

        void b1 ( )
        {
            cout << endl << "In b1" ;
        }

        void b2( )
        {
            cout << endl << "In b2" ;
        }
} ;

class D : private B
{
    public :

        B::b1 ;

        void d1( )
```

```
        {
            cout << endl << "In d1" ;
        }

        void d2( )
        {
            cout << endl <<"In d2" ;
        }
} ;

int  main( )
{
    D dd ;
    dd.b1( ) ; // works
    dd.b2( ) ; // error
    return 0 ;
}
```

// Neither b1( ), nor b2( ) should be accessible in main( ).

```
#include <iostream>
using namespace std ;

class B
{
    public :

        void b1 ( )
        {
            cout << endl << "In b1" ;
        }

        void b2( )
        {
            cout << endl << "In b2" ;
        }
} ;
```

```
class D : private B
{
    public :

        void d1( )
        {
            cout << "In d1" ;
        }

        void d2( )
        {
            cout <<"In d2" ;
        }
};

int  main( )
{
    D dd ;
    dd.b1( ) ; // error
    dd.b2( ) ; // error
    return 0 ;
}
```

```
// Both b1( ) and b2( ) should be accessible in main( ).

#include<iostream>
using namespace std ;

class B
{
    public :

        void b1 ( )
        {
            cout << endl << "In b1" ;
        }
```

```
        void b2( )
        {
            cout << endl << "In b2" ;
        }
};

class D : public B
{
    void d1( )
    {
        cout << endl << "In d1" ;
    }

    void d2( )
    {
        cout << endl <<"In d2" ;
    }
};

int main( )
{
    D dd ;
    dd.b1( ) ; // works
    dd.b2( ) ; // works
    return 0 ;
}
```

(c) If a class **D** is derived from two base classes **B1** and **B2**, then write these classes each containing a zero-argument constructor. Ensure that while build an object of type **D** firstly the constructor of **B2** should get called followed by that of **B1**. Also provide a destructor in each class. In what order would these destructors get called?

Program:

```
// Order of call of constructor and destructor
```

```
#include <iostream>
using namespace std ;

class B1
{
    public :

        B1( )
        {
            cout << "\nIn the constructor of B1" ;
        }

        ~B1( )
        {
            cout << "\nIn the destructor of B1" ;
        }
};

class B2
{
    public :

        B2( )
        {
            cout << "\nIn the constructor of B2" ;
        }

        ~B2( )
        {
            cout << "\nIn the destructor of B2 " ;
        }
};

class D : public B2, public B1
{
    public :
```

```
        D( ):B2( ), B1( )
        {
        }

        ~D( )
        {
            cout << endl << "In the destructor of D" ;
        }
};

int main( )
{
    system ( "cls" ) ;
    D dd ;
    return 0 ;
}

/* Destructors are gets called in exactly reverse order of
 the constructor. */
```

(d) Assume a class **D** that is **privat**ely derived from class **B**. Which of the following can an object of class **D** located in **main( )** access?

- **public** members of **D**
- **protected** members of **D**
- **private** members of **D**
- **public** members of **B**
- **protected** members of **B**
- **private** members of **B**

Program:

```
// Accessing various  members ( i.e. protected, public, private ) of
// base class

#include <iostream>
```

```
using namespace std ;

class B
{
    public :

        int pub_B ;

    private :

        int prv_B ;

    protected :

        int pro_B ;
} ;

class D : private B
{
    public :

        int pub_D ;

    private :

        int prv_D ;

    protected :

        int pro_D ;
} ;

int  main( )
{
    D d1 ;
    int i ;

    i =  d1.pub_D ; // works
```

```
    i =  d1.prv_D ; // error
    i =  d1.pro_D ; // error

    i =  d1.prv_B ; // error
    i =  d1.pro_B ; // error
    i =  d1.pub_B ; // error
    return 0 ;
}
```

CHAPTER

TEN

Virtual Functions

[A] State True or False:

(a) Virtual functions implement one form of polymorphism.

Answer:

True

(b) Virtual functions permit calling of derived class functions using a base class pointer.

Answer:

True

(c) Each object has its own **VTABLE**.

Answer:

False

(d) There is only **VTABLE** per class.

Answer:

True

(e) We can access the **VTABLE** using the **this** pointer.

Answer:

True

(f) **this** pointer and **vptr** are same.

Answer:

False

(g) There is one **vptr** per **VTABLE**.

Answer:

True

(h) There is one **vptr** per object.

Answer:

True

(i) The **vptr** always points to the **VTABLE** of the class.

Answer:

True

(j) Virtual functions permit functions from different classes to be executed through the same function call.

Answer:

True

(k) Pure virtual functions can never have a body.

Answer:

True

(l) Pure virtual constructors can have a body.

Answer:

False

(m) We can never build an object from a class containing a pure virtual function.

Answer:

True

(n) A class containing a pure virtual function is called an **abstract base class**.

Answer:

True

(o) Virtual function calls work faster than normal function calls.

Answer:

False

(p) In a class hierarchy of several levels if we want a function at any level to be called through a base class pointer then the function must be declared as virtual in the base class.

Answer:

True

(q) Virtual functions can be safely invoked using objects.

Answer:

True

(r) The behavior of virtual functions is same irrespective of whether we invoke them through pointers or references.

Answer:

True

(s) While building an object it doesn't matter whether the base class constructor is called first or the derived class constructor is called first.

Answer:

False

(t) While destroying an object firstly the derived class destructor should be called followed by the base class destructor.

Answer:

True

(u) A **virtual** destructor ensures a proper calling order for the destructors in the class hierarchy.

Answer:

True

(v) A pure **virtual** destructor can have a function body.

Answer:

True

[B] What will be the output of the following programs:

(a)
```
#include <iostream>
using namespace std ;
class base
{
    public :

        virtual void fun1( )
        {
            cout << endl << "In base::fun1" ;
```

```
        }
};

class derived1 : public base
{
    public :

        void fun1( )
        {
            cout << endl << "In derived::fun1" ;
        }

        virtual void fun2( )
        {
            cout << endl << "In derived1::fun2" ;
        }
};

class derived2 : public derived1
{
    public :

        void fun1( )
        {
            cout << endl << "In derived2::fun1" ;
        }

        void fun2( )
        {
            cout << endl << "In derived2::fun2" ;
        }
};

int main( )
{
    base *ptr1 ;
    derived1 *ptr2 ;
    base b ;
```

```
    derived2 d ;
    ptr1 = &b ;
    ptr2 = &d ;
    ptr1->fun1( );
    ptr2->fun1( ) ;
    ( ( derived1 * ) ptr2 )->fun2( ) ;
    return 0 ;
}
```

Output:

```
In base::fun1
In derived2::fun1
In derived2::fun2
```

(b)

```
#include <iostream>
using namespace std ;
class base
{
    public :

        virtual void fun( )
        {
            cout << endl << "In base::fun( )" ;
        }
} ;

class derived1 : virtual public base
{
    public :

        void fun( )
        {
            cout << endl << "In derived1::fun( )" ;
        }
} ;

class derived2 : virtual public base
```

```
{
    public :

        void fun( )
        {
            cout << endl << "In derived2::fun( )" ;
        }
} ;

class derived3 : public derived1, public derived2
{
    public :

        void fun( )
        {
            cout << endl << "In derived3::fun( )" ;
            derived1::fun( ) ;
        }
} ;

int main( )
{
    base *b ;

    derived1 d1 ;
    b = &d1 ;
    b->fun( ) ;

    derived2 d2 ;
    b = &d2 ;
    b->fun( ) ;

    derived3 d3 ;
    b = &d3 ;
    b->fun( ) ;
    return 0 ;
}
```

Output:

```
In derived1::fun( )
In derived2::fun( )
In derived3::fun( )
In derived1::fun( )
```

(c)
```
#include <iostream>
using namespace std ;
class base
{
    protected :
        int data ;
} ;

class derived1 : virtual public base
{
    protected :
        int data1 ;
} ;

class derived2 : virtual public base
{
    protected :
        int data2 ;
} ;

class derived3 : public derived1, public derived2
{
    private :
        int data3 ;
} ;

int  main( )
{
    base b ;
    derived1 d1 ;
    derived2 d2 ;
```

```
    derived3 d3 ;
    cout << endl << sizeof ( b ) << endl << sizeof ( d1 )
         << endl << sizeof ( d2 ) << endl << sizeof ( d3 ) ;
    return 0 ;
}
```

Output:

```
4
12
12
24
```

[C] Answer the following:

(a) What are virtual base classes? When should they be used?

Answer:

While declaring a **derived** class, if **base** class is preceded by the **virtual** keyword, then that class is called as **virtual base class**.

Virtual base classes are mostly used in multiple inheritance.

Suppose we derived two classes **d1** and **d2** from base class **B**, and again we derived class **d3** from **d1** and **d2**. In this situation if member function of **d3** access data member of base class **B** then there is ambiguity due to multiple copies of the **base** class data in two derived classes **d1** and **d2**. In such a situation if we need to have a single copy of the **base** class subobject, make both **d1** and **d2** as **virtual base class**.

(b) What is the ideal place for defining a constructor and why?

Answer:

The ideal place for defining the constructor is outside the class declaration. All the functions defined in the class are treated as **inline**. The compiler adds its own code for initialising the **vptr** in the constructor so the actual size of the constructor may be large. Hence for improving efficiency of code, remember to define them outside the class.

(c) Improve the drawing program to include interactive drawing of line, circle and rectangle using mouse.

Program:

```
// Interactive Line, rectangle and circle drawing program.
// This program would work only with Turbo C++.

#include <iostream>
#include <stdio.h>
#include <string.h>
#include <stdlib.h>
#include <graphics.h>
#include <conio.h>
#include <dos.h>
#include "mouse.cpp"
#include <fstream.h>
#include <math.h>
#include <malloc.h>
using namespace std ;

class shapes
{
    public :

        virtual void draw( )
        {
        }

        virtual void save( ofstream &ft )
        {
        }
```

```
        virtual void open( ifstream &fs )
        {
        }
};

class myline : public shapes
{
    private :

        int sx, sy, ex, ey, color ;

    public :

        myline( )
        {
        }

        myline ( int x1, int y1, int x2, int y2, int clr  )
        {
            sx = x1 ;
            sy = y1 ;
            ex = x2 ;
            ey = y2 ;
            color = clr ;
        }

        void draw( )
        {
            setcolor ( color ) ;
            moveto ( sx, sy ) ;
            lineto ( ex, ey ) ;
        }

        void save ( ofstream &ft )
        {
            ft <<"L" << "\n" ;
            ft << sx << " " << sy << " " << ex <<" " << ey <<" "
                << color << "\n" ;
```

```
        }

        void open ( ifstream &fs )
        {
            fs >> sx >> sy >> ex >> ey >> color ;
        }
};

class myrectangle : public shapes
{
    private :

        int sx, sy, ex, ey, color ;

    public :

        myrectangle( )
        {
        }

        myrectangle ( int x1, int y1, int x2, int y2, int clr  )
        {
            sx = x1 ;
            sy = y1 ;
            ex = x2 ;
            ey = y2 ;
            color = clr ;
        }

        void draw( )
        {
            setcolor ( color ) ;
            rectangle ( sx, sy, ex, ey ) ;
        }

        void save ( ofstream &ft )
        {
            ft <<"R" << "\n" ;
```

```
            ft << sx << " " << sy << " " << ex <<" " << ey <<" "
                << color << "\n" ;
        }

        void open ( ifstream &fs )
        {
            fs >> sx >> sy >> ex >> ey >> color ;
        }
};

class mycircle : public shapes
{
    private :

        int x, y, xradius,  yradius, color ;

    public :

        mycircle( )
        {
        }

        mycircle ( int x1, int y1, int xr, int yr, int clr  )
        {
            x = x1 ;
            y = y1 ;
            xradius = xr ;
            yradius = yr ;
            color = clr ;
        }

        void draw( )
        {
            setcolor ( color ) ;
            ellipse ( x, y, 0, 360, xradius, yradius ) ;
        }

        void save ( ofstream &ft )
```

```
        {
            ft <<"C" << "\n" ;
            ft << x << " " << y << " " << xradius <<" " << yradius
                <<" " << color << "\n" ;
        }

        void open ( ifstream &fs )
        {
            fs >> x >> y >> xradius >> yradius >> color ;
        }
} ;

struct node
{
    void *obj ;
    node *link ;
} ;

class objarray
{
    private :

        node *head ;

    public :

        objarray ( )
        {
            head = NULL ;
        }

        void add ( void *o )
        {
            node *temp = new node ;
            temp -> obj = o ;
            temp -> link = NULL ;
            if ( head == NULL )
                head = temp ;
```

```
        else
        {
            node *q ;
            q = head ;

            while ( q -> link != NULL )
                q = q -> link ;
            q -> link  = temp ;
        }
}

void * getobj ( int i )
{
        node *q ;
        q = head ;
        int n ;

        for ( n = 1 ; n < i ; n++ )
        {
            q = q -> link ;
        }
        return ( q -> obj ) ;
}

int getcount ( )
{
        int n = 0 ;
        node *q ;
        q = head ;

        while ( q != NULL )
        {
            q = q -> link ;
            n++ ;
        }
        return n ;
}
```

```
        ~objarray( )
        {
            node *q ;
            q = head ;

            while ( q != NULL )
            {
                node *q ;
                q = head ;
                while ( q != NULL )
                {
                    head = head -> link ;
                    delete q ;
                    q = head ;
                }
            }
        }
};

int  mainscreen( )
{
    cleardevice( ) ;
    rectangle ( 0, 0, 639, 479 ) ;
    line ( 0, 30, 640, 30 ) ;
    char *names[ ] = {
                        "Clear",
                        "Open",
                        "Save",
                        "Line",
                        "Rect",
                        "Circ",
                        "Exit"
                    } ;
    int x, i ;

    for ( x = 5, i = 0 ; x <= 7 * 90 ; x += 90, i++ )
    {
        setcolor ( WHITE ) ;
```

```
        rectangle ( x, 5, x + 70, 25 ) ;
        floodfill ( x + 1, 6, WHITE ) ;
        settextstyle ( 1, 0, 3 ) ;
        setcolor ( BLACK ) ;
        outtextxy ( x + 10, 0, names[i] ) ;
    }
}

char far *p1, far *p2, far *p3, far *p4 ;
int midx, midy ;

int  main( )
{
    ifstream fs ;
    ofstream ft ;

    int x, y, sx, sy, tx, ty, x1, y1, x2, y2 ;

    int button, flag = 0 ;
    int t, i, index ;
    int strptx, strpty, endptx, endpty ;

    void save ( int, int, int, int ) ;
    void restore ( int, int ) ;

    int gd = DETECT, gm ;
    initgraph ( &gd, &gm, "c:\\tc\\bgi" ) ;

    mainscreen( ) ;

    setviewport ( 1, 31, 638, 478, 1 ) ;
    mouse m ;

    objarray arr ;

    while ( 1 )
    {
        button = 0 ;
```

```
m.getmousepos ( button, x, y ) ;

if ( ( ( button & 1 ) == 1 ) && ( flag == 0 ) )
{
    for ( t = 5, i = 0 ; t <= 7 * 90 ; t += 90, i++ )
    {
        if ( ( x >= t && x <= t + 70 ) && ( y >= 5 && y <= 25 ) )
        {
            index = i ;
            flag = 1 ;
            break ;
        }
    }
}

int clrnum = random ( 16 ) ;

switch ( index )
{
    case 0 :
        m.getmousepos ( button, x, y ) ;
        if ( ( ( button  & 1 ) == 0 ) && ( flag == 1 ) )
        {
            clearviewport( ) ;
            flag = 0 ;
        }
        break ;

    case 1 :
        m.getmousepos ( button, x, y ) ;
        if ( ( ( button  & 1 ) == 0 ) && ( flag == 1 ) )
        {
            fs.open ( "output.txt", ios::in ) ;
            shapes *ptr ;
            char a[2] ;

            while ( fs )
            {
```

```
                fs >> a ;
                if ( strcmp ( a, "L" ) == 0 )
                {
                    myline *l = new myline ;
                    l -> open ( fs ) ;
                    arr.add ( l ) ;
                }

                if ( strcmp ( a, "R" ) == 0 )
                {
                    myrectangle *r = new myrectangle ;
                    r -> open ( fs ) ;
                    arr.add ( r ) ;
                }

                if ( strcmp ( a,"C" ) == 0 )
                {
                    mycircle *c = new mycircle ;
                    c -> open ( fs ) ;
                    arr.add ( c ) ;
                }
            }
            fs.close( ) ;
            int count = arr.getcount ( ) ;
            for ( int i = 1 ; i <= count ; i++ )
            {
                ptr = ( shapes* ) arr.getobj ( i ) ;
                ptr -> draw( ) ;
            }
            flag = 0 ;
        }
        break ;

    case 2 :
        m.getmousepos ( button, x, y ) ;
        if ( ( ( button  & 1 ) == 0 ) && ( flag == 1 ) )
        {
            fs.open ( "output.txt", ios::out ) ;
```

```
            int count = arr.getcount ( ) ;

            shapes *ptr ;

            for ( i = 1 ; i <= count ; i++ )
            {
                ptr = ( shapes* ) arr.getobj ( i ) ;
                ptr -> save ( ft ) ;
            }
            ft.close( ) ;
            flag = 0 ;
        }
        break ;

    case 3 :
        do
        {
            m.getmousepos ( button, x, y ) ;

            if ( ( button  & 1 ) == 1  )
            {
                setcolor ( clrnum ) ;
                int sx, sy ;
                sx = x ;
                sy = y ;

                while ( ( button & 1 ) == 1 )
                m.getmousepos ( button, x, y ) ;

                int ex = x ;
                int ey = y ;

                m.hidemouseptr( ) ;
                moveto ( sx, sy ) ;
                lineto ( ex, ey ) ;
                myline * l = new myline ( sx, sy, ex, ey,
                        clrnum ) ;
```

```
                    if ( l == NULL )
                    exit ( 1 ) ;
                    arr.add ( l ) ;
                    m.showmouseptr( ) ;
                    flag = 0 ;
                }
            } while ( flag == 1 ) ;

            break ;

        case 4 :
            do
            {
                m.showmouseptr( ) ;
                m.getmousepos ( button, tx, ty ) ;

                if ( ( button  & 1 ) == 1  )
                {
                    m.hidemouseptr( ) ;
                    sx = x = x1 = x2 = tx  ;
                    sy = y = y1 = y2 = ty ;

                    setcolor ( clrnum ) ;
                    save ( x1, y1, x2, y2 ) ;
                    rectangle ( x1, y1, x2, y2 ) ;
                    m.getmousepos ( button, tx, ty ) ;

                    while ( ( button & 1 ) == 1 )
                    {
                        if ( x != tx || y != ty )
                        {
                            setcolor ( BLACK ) ;
                            rectangle ( x1, y1, x2, y2 ) ;
                            restore ( x1, y1 ) ;
                            x = tx ;
                            y = ty ;

                            if ( x < sx )
```

```
                {
                    x1 = x ;
                    x2 = sx ;
                }
                else
                {
                    x1 = sx ;
                    x2 = x ;
                }

                if ( y < sy )
                {
                    y1 = y ;
                    y2 = sy ;
                }
                else
                {
                    y1 = sy ;
                    y2 = y ;
                }

                setcolor ( clrnum ) ;
                save ( x1, y1, x2, y2 ) ;
                rectangle ( x1, y1, x2, y2 ) ;
            }
            m.getmousepos ( button, tx, ty ) ;
        }
        restore ( x1, y1 ) ;
        m.showmouseptr( ) ;

        rectangle ( x1, y1, x2, y2 ) ;
        myrectangle * r = new myrectangle ( x1, y1,
                    x2, y2, clrnum ) ;

        if ( r == NULL )
            exit ( 1 ) ;

        arr.add ( r ) ;
```

```
                flag = 0 ;
            }
        } while ( flag== 1 ) ;

        break ;

    case 5 :
        do
        {
            m.showmouseptr( ) ;
            m.getmousepos ( button, tx, ty ) ;

            if ( ( button  & 1 ) == 1  )
            {
                m.hidemouseptr( ) ;
                sx = x = x1 = x2 = tx  ;
                sy = y = y1 = y2 = ty ;

                setcolor ( clrnum ) ;
                save ( x1, y1, x2, y2 ) ;

                int cx = abs ( x2 - x1 ) / 2 ;
                int cy = abs ( y2 - y1 ) / 2 ;

                ellipse(  sx, sy, 0, 360, cx, cy ) ;
                m.getmousepos ( button, tx, ty ) ;

                while ( ( button & 1 ) == 1 )
                {
                    if ( x != tx || y != ty )
                    {
                        setcolor ( BLACK ) ;

                        cx = abs ( x2 - x1 ) / 2 ;
                        cy = abs ( y2 - y1 ) / 2 ;

                        ellipse(  sx, sy, 0, 360, cx, cy ) ;
                        restore ( x1, y1 ) ;
```

```
            x = tx ;
            y = ty ;

            if ( x < sx )
            {
                x1 = x ;
                x2 = sx ;
            }
            else
            {
                x1 = sx ;
                x2 = x ;
            }

            if ( y < sy )
            {
                y1 = y ;
                y2 = sy ;
            }
            else
            {
                y1 = sy ;
                y2 = y ;
            }

            setcolor ( clrnum ) ;
            save ( x1, y1, x2, y2 ) ;

            cx = abs ( x2 - x1 ) / 2 ;
            cy = abs ( y2 - y1 ) / 2 ;
            ellipse(  sx, sy, 0, 360, cx, cy ) ;
        }
        m.getmousepos ( button, tx, ty ) ;
    }
    restore ( x1, y1 ) ;
    m.showmouseptr( ) ;

    cx = abs ( x2 - x1 ) / 2 ;
```

```
                        cy = abs ( y2 - y1 ) / 2 ;

                        ellipse(  sx, sy, 0, 360, cx, cy ) ;
                        mycircle * c = new mycircle ( sx, sy , cx, cy,
                                    clrnum ) ;

                        if ( c == NULL )
                        exit ( 1 ) ;

                        arr.add ( c ) ;
                        flag = 0 ;
                    }
                } while ( flag == 1 ) ;
                break ;

            case 6 :
                exit ( 1 ) ;
                getch( ) ;
                closegraph( ) ;
                restorecrtmode( ) ;
                break ;
        }
    }
    return 0 ;
}

void save ( int x1, int y1, int x2, int y2 )
{
    unsigned area1, area2, area3, area4 ;

    midx = x1 + ( x2 - x1 ) / 2 ;
    midy = y1 + ( y2 - y1 ) / 2 ;

    area1 = imagesize ( x1, y1, midx, midy ) ;
    p1 = ( char * ) farmalloc ( area1 ) ;

    area2 = imagesize ( midx + 1, y1, x2, midy ) ;
    p2 = ( char * ) farmalloc ( area2 ) ;
```

```
        area3 = imagesize ( x1, midy + 1, midx, y2 ) ;
        p3 = ( char * ) farmalloc ( area3 ) ;

        area4 = imagesize (  midx + 1, midy + 1, x2, y2 ) ;
        p4 = ( char * ) farmalloc ( area4 ) ;

        if ( p1 == NULL || p2 == NULL ||  p3 == NULL || p4 == NULL )
        {
            closegraph( ) ;
            cout << "Memory allocation error" ;
            exit ( 1 ) ;
        }

        getimage ( x1, y1, midx, midy, p1  ) ;
        getimage ( midx + 1, y1, x2, midy, p2 ) ;
        getimage ( x1, midy + 1, midx, y2, p3 ) ;
        getimage (  midx + 1, midy + 1, x2, y2, p4 ) ;
    }

    void restore ( int x1, int y1 )
    {
        putimage ( x1, y1, p1, OR_PUT ) ;
        putimage ( midx + 1, y1, p2, OR_PUT ) ;
        putimage ( x1, midy + 1, p3, OR_PUT ) ;
        putimage ( midx + 1, midy + 1, p4, OR_PUT ) ;

        farfree ( p1 ) ;
        farfree ( p2 ) ;
        farfree ( p3 ) ;
        farfree ( p4 ) ;
    }


    // mouse.cpp

    class mouse
    {
```

```
private :

    union REGS i, o ;

public :

    mouse( )
    {
        initmouse( ) ;
        showmouseptr( ) ;
    }

    void initmouse( )
    {
        i.x.ax = 0 ;
        int86 ( 0x33, &i, &o ) ;
    }

    void showmouseptr( )
    {
        i.x.ax = 1 ;
        int86 ( 0x33, &i, &o ) ;
    }

    void hidemouseptr( )
    {
        i.x.ax = 2 ;
        int86 ( 0x33, &i, &o ) ;
    }

    void getmousepos ( int& button, int& x, int& y )
    {
        i.x.ax = 3 ;
        int86 ( 0x33, &i, &o ) ;
        button = o.x.bx ;
        x = o.x.cx ;
        y = o.x.dx ;
    }
```

```
        void restrictmouseptr ( int x1, int y1, int x2, int y2 )
        {
            i.x.ax = 7 ;
            i.x.cx = x1 ;
            i.x.dx = x2 ;
            int86 ( 0x33, &i, &o ) ;
            i.x.ax = 8 ;
            i.x.cx = y1 ;
            i.x.dx = y2 ;
            int86 ( 0x33, &i, &o ) ;
        }
}
```

(d) Write a program that contains a class **derived**, derived from **base**. The **base** class should have a virtual function **fun( )** and it should be overridden in **derived**. Try to call **fun( )** from the constructor of the derived class and watch the results.

Program:

```
#include <iostream>
using namespace std ;

class base
{
    public :

        virtual void fun( )
        {
            cout << endl << "\n\n base class's fun( ) " ;
        }
} ;

class derived : public base
{
    public :
```

```
        derived( )
        {
            fun( ) ;
        }

        void fun( )
        {
            cout << endl << "\n\n derived class's fun( ) " ;
        }
};

int  main( )
{
    system ( "cls" ) ;
    derived d ;
    return 0 ;
}
```

CHAPTER

ELEVEN

Input/Output In C++

[A] State True or False:

(a) In the **iostream** library the **ios** class is at the root.

Answer:

True

(b) Some of the **ios** flags can be set either through the **setf( )** function or through the manipulators.

Answer:

True

(c) Only for those manipulators which need an argument we need to include the file '**iomanip.h**'..

Answer:

True

(d) When we are using a manipulator we are in fact calling a member function.

Answer:

True

(e) It is possible to create your own manipulators.

Answer:

True

(f) The **istream_withassign** class has been derived from the **istream** class and overloaded assignment operator has been added to it.

Answer:

True

(g) **cout, cin** and **cprn** are predefined stream objects.

Answer:

True

(h) Objects can read and write themselves.

Answer:

True

(i) **strstreams** serve the same purpose as **sprintf( )** and **sscanf( )**.

Answer:

True

(j) The **istream::getline( )** function cannot tackle multi-words strings.

Answer:

False

[B] Answer the following:

(a) What are the disadvantages of using **scanf( )/printf( )** functions?

Answer:

(1) The number of specifiers used in the format string of **printf( )/scanf( )** are very much large, hence remembering these specifiers is quite difficult.

(2) **printf( )/scanf( )** do not carry conversions logically.

(3) In case of **printf( )/scanf( )** there is no compile time error checking for wrong type or wrong number of arguments used in these functions. This is because **printf( )/scanf( )** are variable argument list function.

(4) The major feature of C++ — its ability to add new data type is defeated in case of these functions as these functions are not easily extensible.

(5) As **printf( )/scanf( )** are variable argument list functions, an interpreter is loaded at runtime involving unnecessary overheads. This leads to wastage of precious space.

(b) Draw a chart showing hierarchy of various classes in the **iostream** library.

Answer:

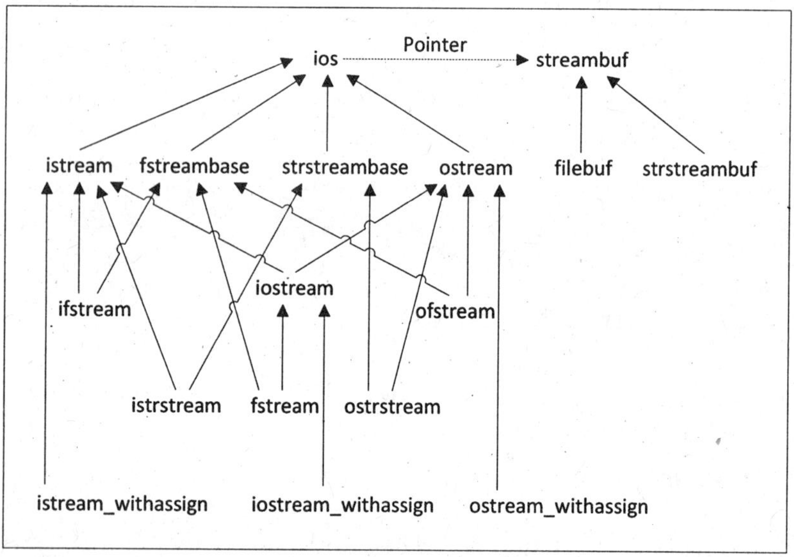

(c) What are the three parts of an **iostream** system?

Answer:

Following are the three parts of **iostream** system:

(1) A buffer, which acts as an intermediary between the generalized input-output system and some particular source or sink for characters. Its implementation is in **streambuf** class.

(2) A specification system responsible for reporting errors and controlling format. Its implementation is in the **ios** class.

(3) A translation system that converts C++ languages typed objects to a sequence of character or vice versa. This has been implemented in class like **istream**, **ostream**, **iostream** etc.

(d) Why is **ios::** necessary in the following statement?

```
cout << setiosflags ( ios::showbase ) ;
```

Answer:

Since **showbase** is **enum** data member of **ios** class, to access it we need to use **ios::**.

(e) How can the following statement work for testing the end of file, if **infile** is an **ifstream** object?

```
while ( infile ) ;
```

Answer:

When **while (infile)** statement gets called, following conversion function get called.

```
ios::operator void *( )
{
    return fail( ) ? 0 : this ;
}
```

This function tries to convert an **infile** object into **void pointer** but also within it, it calls **ios::fail( )** function.

```
int fail( )
{
    return state& ( failbit | badbit | hardbit ) ;
}
```

In this function state is an **ios** class variable. If end of file is not reached it returns a non-zero value, hence the conversion function returns simply the address of the object, otherwise it returns a zero. This non-zero address value is used in while loop to check end of file.

(f) What do the **nocreate** and **noreplace** flag ensure when they are used for opening a file?

Answer:

nocreate flag ensures the opening of the file only if it already exits otherwise it fails. **noreplace** flag ensures that if the specified file already exits, it will not be replaced by new one.

(g) What problem do you think would we face if the following code is executed twice:

```
file.seekg ( 0L, ios::beg ) ;
while ( file.read ( char * ) &p, sizeof ( p ) )
    cout << t.name << endl << p.age ;
```

How would you solve the problem?

Answer:

If the given code is executed twice, for the first time it gets cxccutcd correctly and displays all the records in the file. But second time it doesn't display any record. This is because when for first time we reach end of file, bit in the state variable of **ios** class gets set. This would remain set even we reposition the get pointer to beginning of the file. Hence for second time, end of file condition satisfied and no reading take place. To get rid of such a situation, whenever we reach end of file and still want to use file we should call the

ios::clear( ) function.

(h) How would you obtain the value of a **state** variable?

Answer:

The **ios** class maintains a state variable whose bits signify the various error states. Thus value of state variable can be obtained by calling **ios::rdstate( )** member function of **ios** class.

[C] What would be the output:

(a)
```
#include <iostream>
using namespace std ;
int main( )
{
    char str[ ] = "The boring stuff" ;
    char *p = "That's interesting" ;
    cout << endl << str ;
    cout << endl << p ;

    cout << endl << ( void * ) str ;
    cout << endl << ( void * ) p ;
    return 0 ;
}
```

Output:

```
The boring stuff
That's interesting
0012FF4C
00417800
```

(b)
```
#include <iostream>
#include <iomanip>
using namespace std ;
int main( )
{
    int i = 650 ;
    float a = 425.123 ;
    cout << setiosflags ( ios::showbase | ios::uppercase ) ;
    cout << hex << i << endl ;
    cout.precision ( 4 ) ;
    cout << setiosflags ( ios::showpoint ) << a ;
    return 0 ;
}
```

Output:

```
0X28A
425.1
```

(c)
```
#include <iostream>
using namespace std ;
int main( )
{
    char str[ ] = "Just listing" ;
    cout.width ( 40 ) ;
    cout << str << endl ;
    cout.setf ( ios::left, ios::adjustfield ) ;
    cout.width ( 40 ) ;
    cout << str ;
    return 0 ;
```

```
}
```

Output:

```
                Just listing
Just listing
```

[D] Attempt the Following:

(a) Write a program that will create a manipulator with arguments. If row number and column number are passed as arguments to this manipulator it should position the cursor at that row and column.

Program:

```
// Program of manipulator having row and column number
// as arguments. This program would work only with Turbo C++

#include <iostream.h>
#include <dos.h>
#include <conio.h>

union REGS i, o ;

class rowcol
{
    private :

        int row, col ;

    public :

        rowcol ( int r, int c )
        {
            row = r ;
            col = c ;
        }
```

```
        friend ostream & operator << ( ostream& o, rowcol& r ) ;
};

ostream & operator << ( ostream &o, rowcol &r )
{
    i.h.ah = 2 ;
    i.h.dh = r.row ;
    i.h.dl = r.col ;
    i.h.bh =0 ;
    int86(0x10,&i,&i) ;
    return o ;
}

int main( )
{
    clrscr( ) ;
    cout << rowcol ( 10, 30 ) << "Row 10, coloumn 30" ;
    return 0 ;
}
```

(b) There are 100 records present in a file with each record containing a 6-character item code, a 20-character item name and an integer quantity. Write a program to read these records, arrange them in the ascending order and write them in the same file overwriting the earlier records.

Program:

```
// Program to arrange the record in ascending order

#include <iostream>
#include <fstream>
#include <string.h>
using namespace std ;

struct iteminfo
{
```

```
        char code[7], name[20] ;
        int qty ;
    } ;

    class record
    {
        private :

            iteminfo a[100], t ;
            int count ;
            ifstream iff ;
            ofstream off ;

        public :

            record( )
            {
                iff.open ( "ITEM.DAT") ;
                if ( !iff )
                    cout << "Unable to open item.dat"  ;

                count = 0 ;
            }

            void getrec( )
            {
                int i = 0 ;
                while ( 1 )
                {
                    iff >> a[i].code >> a[i].name >> a[i].qty ;

                    if ( !iff )
                        break ;

                    count++ ;
                    i++ ;
                }
            }
```

```
        void modirec( )
        {
            int i, j ;

            for ( i = 0 ; i <= count - 2 ; i++ )
            {
                for ( j = i + 1 ; j <= count - 1 ; j++ )
                {
                    if (  a[i].qty > a[j].qty )
                    {
                        t = a[i] ;
                        a[i] = a[j] ;
                        a[j] = t ;
                    }
                }
            }

            iff.close( ) ;

            off.open ( "ITEM.DAT" ) ;

            for ( i = 0 ; i < count ; i++ )
                off << a[i].code << " " << a[i].name << " " << a[i].qty
                    << endl ;

            off.close( ) ;
        }
} ;

int  main( )
{
```

```
    system ( "cls" ) ;
    record r ;
    r.getrec( ) ;
    r.modirec( ) ;
    return 0 ;

}
```

CHAPTER TWELVE

Advanced Features

[A] State True or False:

(a) The phenomenon of writing a class within a class is known as **composition.**

Answer:

True

(b) Composition and containership is one and the same thing.

Answer:

True

(c) Composition and Inheritance both promote reuse of code.

Answer:

True

(d) A function that is a **friend** of a class can access **private** data member of a class but cannot manipulate them.

Answer:

False

(e) If an entire class is made a **friend** of another then all the member functions of this class can access the **private** data member of the original class.

Answer:

True

(f) Unless you have the source code of a class you cannot declare a function to the friend of that class.

Answer:

True

(g) Using a smart pointer we can iterate through a container.

Answer:

True

(h) Using a smart pointer we can make an object appear like a pointer.

Answer:

True

(i) The overloaded operator -> is called a smart pointer operator.

Answer:

True

(j) The pointer to member operator can be used to access particular data members within a class.

Answer:

True

(k) Pointers to members are not tied with any specific object.

Answer:

True

(l) A namespace definition can be continued over multiple header files.

Answer:

True

[B] Answer the following:

(a) Is it necessary that while using pointer to member with data, the data must be made **public**?

Answer:

It is necessary to made the data **public** when you use pointer to member with data. Hence pointers to members are more often used with member function (which are generally **public**) rather than data members of a class.

(b) When should the **explicit** keyword be used in the constructor? Can it be used with any other function?

Answer:

Suppose we overload some operator in a class. In implementation we give wrong type on either side of operator then compiler will not give error it will search for proper constructor and implicitly call that constructor to carry out the conversion. In such a situation we can prevent this implicit conversion by declaring constructor as **explicit. explicit** keyword works only with constructor and not with any other function.

(c) How would you change a data member of the **const** object?

Answer:

Sometime we may required to change the data member of the **const** object. This can be achieved by declaring that data member in the class with preceding **mutable** keyword as shown below.

```
class vehicle
{
    private :

        char type[20] ;
        mutable char owner[30] ;
        int number ;

    public :

        -----
        -----
}
```

(d) If two header files contain same names how would you avoid a clash of names if both the files are to be included?

Answer:

If two header files containing same names are included, to avoid clash of names we have to use namespace feature of C++. We can subdivide the global name space into more manageable pieces using this feature. It is as shown below

```
// myspace.h

namespace myspace
{
    char fun1( ) ;
    void display( ) ;
}

// yourspace.h

namespace yourspace
{
    char fun1( ) ;
```

```
    void display( ) ;
}
```

Now class names will not clash because they become **myspace::fun1( )** and **yourspace::fun1**. Similarly with **void display( )**.

(e) How would you give an alternate name to a **namespace**?

Answer:

Alternate name can be given to **namespace** by using assignment operator (=) as follows.

```
namespace somename
{
    class one
    {

    };

    class two
    {

    };
}
namespace newname = somename ;
```

[C] Attempt the following:

(a) Write a program which has a class called **base**. Derive two classes **derived1** and **derived2** from it. Store address of derived class objects into base class pointers. Using **typeid( )** and **dynamic_cast** identify the type of the object at run-time.

Program:

```
// Program to identify type of object using dynamic_cast and typeid( ).
```

```
// Note: Run this program in VC++ compiler.

#include <typeinfo.h>
#include <iostream>
using namespace std ;

class base
{
    public :

        virtual void fun( )
        {
        }
};

class derived1 : public base
{

};

class derived2 : public base
{

};

int main( )
{
    base *b ;
    cout << endl << typeid(b).name() ;

    derived1 d1 ;
    b = &d1 ;

    cout << endl << typeid(*b).name() ;

    derived1 *dptr1 ;

    if ( dptr1 = dynamic_cast<derived1*> ( b ) )
```

```
        cout << endl << "Of type derived1" ;
    else
        cout << endl << "Not of derived1" ;

    derived2 d2;
    b = &d2 ;
    cout << endl << typeid( *b ).name() ;

    derived2 *dptr2 ;

    if ( dptr2 = dynamic_cast<derived2*> ( b ) )
        cout << endl << "Of type derived2" ;
    else
        cout << endl << "Not of derived2" ;

    return 0 ;
}
```

(b) Write a program that will convert an integer pointer into an integer and vice-versa.

Program:

```
// Program to convert interger pointer to integer and vice-versa.
// Note: Run this program in VC++ compiler.

#include <iostream>
using namespace std ;

int main( )
{
    int a = 100, b ;
    int *iptr ;

    iptr = &a ;

    b = reinterpret_cast <int> ( iptr ) ;
```

```
    cout << endl << b ;
    b++ ;
    cout << endl << b ; // increase by one

    iptr = reinterpret_cast <int*> (b) ;

    cout << endl << iptr ;
    iptr++ ;
    cout << endl << iptr ; // increase by four

    return 0 ;
}
```

CHAPTER

THIRTEEN

Templates

[A] State True or False:

(a) We can inherit a new class from the class template.

Answer:

True

(b) If there is a function template called **max( )** then a specific version of it would be created when **max( )** is called with a new type.

Answer:

True

(c) The compiler generates only one version of function template for each data type irrespective of the number of calls that are made for that type.

Answer:

True

(d) Using templates saves memory.

Answer:

False

(e) We can override a function template for a particular type.

Answer:

True

(f) A function template can have multiple argument types.

Answer:

True

(g) Templates are type safe whereas macros are not.

Answer:

True

(h) Class templates are usually used for container class.

Answer:

True

(i) A class template member function can be defined outside the class template.

Answer:

True

(j) Template arguments can take default values.

Answer:

True

[B] Answer the following:

(a) Write a program that will implement a binary tree as a class template.

Program:

```
// Binary Tree using class template.

#include <iostream>
```

```
using namespace std ;

#define FALSE 0
#define TRUE 1

template <class T>
class tree
{
    private :

        struct node
        {
            node *l ;
            T data ;
            node *r ;
        } *p ;

    public :

        tree ( ) ;

        void search ( T n, int &found, node* &parent )
        {
            node *q ;
            found = FALSE ;
            parent = NULL ;

            if ( p == NULL )
                return ;
            q = p ;

            while ( q != NULL )
            {
                if ( q -> data == n )
                {
                    found = TRUE ;
                    return ;
                }
```

```
                    if ( q -> data > n )
                    {
                        parent = q ;
                        q = q -> l ;
                    }
                    else
                    {
                        parent = q ;
                        q = q -> r ;
                    }
                }
            }
};
```

(b) Write a program to implement a doubly linked list as a class template.

Program:

```
// Doubly linked list using class template.

#include <iostream>
using namespace std ;

template <class T>
class linklist
{
    private :

        struct node
        {
            node *prev ;
            T data ;
            node *next ;
        } *p ;

    public :
```

```
        linklist( ) ;
        ~linklist( ) ;

        void append ( T ) ;
        void addatbeg ( T ) ;
        void addafter ( int , T ) ;
        void deletenode ( T ) ;
        void display( ) ;
        int count ( ) ;
} ;

template <class T>
linklist<T>::linklist( )
{
    p = NULL ;
}

template <class T>
linklist<T>::~linklist( )
{
    node *t ;
    while ( p!= NULL )
    {
        t = p ;
        p = p -> next ;
        delete t ;
    }
}

template <class T>
void linklist<T>::append ( T num )
{
    node *q, *t ;
    q = p ;

    if ( q == NULL )
    {
        q = new node ;
```

```
        q -> prev = NULL ;
        q -> data = num ;
        q -> next = NULL ;
        p = q ;
    }
    else
    {
        while ( q -> next != NULL )
            q = q -> next ;

        t = new node ;
        t -> prev = q ;
        t -> data = num ;
        t -> next = NULL ;
        q -> next = t ;
    }
}

template <class T>
void linklist<T>::addatbeg ( T num )
{
    node *q ;
    q = new node ;
    q -> prev = NULL ;
    q -> data = num ;
    q -> next = p ;
    p -> prev = q ;
    p = q ;
}

template <class T>
void linklist<T>::addafter ( int loc, T num )
{
    node *t, *q ;
    q = p ;

    for ( int i = 0 ; i <= loc ; i++ )
    {
```

```
            q = q -> next ;

            if ( q == NULL )
            {
                cout << endl << "There are less than "<< loc <<"element" ;
                return ;
            }
        }

        q = q -> prev ;
        t = new node ;
        t -> data = num ;
        t -> prev = q ;
        t -> next = q -> next ;
        t -> next -> prev = t ;
        q -> next = t ;
}

template <class T>
void  linklist<T>::deletenode ( T num )
{
        node *q = p ;

        // traverse the entire list
        while ( q != NULL )
        {
            // if node to be deleted is found
            if ( q -> data == num )
            {
                if ( q == p )
                {
                    p = p -> next ;
                    p -> prev = NULL ;
                }
                else
                {
                    if ( q -> next == NULL )
                        q -> prev -> next = NULL ;
```

```
                    else
                    {
                        q -> prev -> next = q -> next ;
                        q -> next -> prev = q -> prev ;
                    }
                    delete q ;
                }
                return ;
            }
            q = q -> next ;
        }
    }

    template <class T>
    void linklist<T>::display( )
    {
        node *q ;
        q = p ;
        cout << endl ;

        while ( q != NULL )
        {
            cout << endl << q -> data ;
            q = q -> next ;
        }
    }

    template <class T>
    int linklist<T>::count ( )
    {
        node *q ;
        int c = 0 ;
        q = p ;

        while ( q != NULL )
        {
            q = q -> next ;
            c++ ;
```

```
    }
    return c ;
}

int main( )
{
    system ( "cls" ) ;
    linklist<int> l1 ;

    l1.append ( 11 ) ;
    l1.append ( 22 ) ;
    l1.display( ) ;

    l1.addatbeg ( 33 ) ;
    l1.addatbeg ( 44 ) ;
    l1.display( ) ;

    l1.addafter ( 1, 100 ) ;
    l1.addafter ( 2, 200 ) ;
    l1.display( ) ;

    l1.deletenode ( 33 ) ;
    l1.deletenode ( 44 ) ;

    l1.display( ) ;
    cout << "No. of elements in linklist =" <<l1.count( ) ;

    linklist<float> l2 ;

    l2.append ( 1.1 ) ;
    l2.append ( 2.2 ) ;

    l2.display( ) ;

    l2.addatbeg ( 3.3 ) ;
    l2.addatbeg ( 4.4 ) ;
    l2.display( ) ;
```

```
    l2.addafter ( 1, 10.10 ) ;
    l2.addafter ( 2, 20.20 ) ;
    l2.display( ) ;

    l2.deletenode ( 3.3 ) ;
    l2.deletenode ( 4.4 ) ;

    l2.display( ) ;
    cout << "No. of elements in linklist =" << l2.count( ) ;

    return 0 ;
}
```

CHAPTER

FOURTEEN

Exception Handling

[A] State True or False:

(a) **setjmp( )** and **longjmp( )** can properly handle destruction of objects.

Answer:

False

(b) A **setjmp( )/longjmp( )** combination can perform a non-local jump.

Answer:

True

(c) The exception handling mechanism is supposed to handle compile time errors.

Answer:

False

(d) It is necessary to declare the exception class within the class in which an exception is going to be thrown.

Answer:

False

(e) Every thrown exception must be caught.

Answer:

False

(f) For one **try** block there can be multiple **catch** blocks.

Answer:

True

(g) The **catch** block and the exception handler are one and the same thing.

Answer:

True

(h) When an exception is thrown an exception class's constructor gets called.

Answer:

True

(i) **try** blocks cannot be nested.

Answer:

False

(j) Proper destruction of an object is guaranteed by exception handling mechanism.

Answer:

True

[B] Answer the following:

(a) Implement an exception handling mechanism which reports stack full and stack empty mechanism for a class called **stack**.

Program:

```
// Exception handling in stack.
```

```
// Note : Run this program in VC++ compiler.

#include <iostream>
using namespace std ;

#define MAX 4

class stack
{
    private :

        int arr[MAX] ;
        int top ;

    public :

        stack( )
        {
            top = -1  ;
        }

        class stackfull
        {

        } ;

        class stackempty
        {

        } ;

        void push( int item )
        {
            if ( top == MAX - 1 )
                throw stackfull( ) ;

            top++ ;
            arr[top] = item ;
```

```
        }

        int pop ( )
        {
            if ( top == -1 )
                throw stackempty( ) ;

            int data = arr[top] ;
            top-- ;
            return data ;
        }
};

int  main( )
{
    stack s ;

    try
    {
        s.push ( 11 ) ;
        s.push ( 12 ) ;
        s.push ( 13 ) ;
        s.push ( 14 ) ;
        s.push ( 15 ) ;
        s.push ( 16 ) ;
    }
    catch ( stack::stackfull )
    {
        cout << endl << "Stack is full" ;
    }

    try
    {
        int i = s.pop( ) ;
        cout << endl << "Item popped=" << i ;
        i = s.pop( ) ;
        cout << endl << "Item popped=" << i ;
        i = s.pop( ) ;
```

```
            cout << endl << "Item popped=" << i ;
            i = s.pop( ) ;
            cout << endl << "Item popped=" << i ;
            i = s.pop( ) ;
            cout << endl << "Item popped=" << i ;
        }
        catch ( stack ::stackempty )
        {
            cout << endl << "Stack is empty" ;
        }

        return 0 ;
    }
```

(b) Create a class with its own **operator new**. This operator should allocate 5 objects, and on 5th **'run out of memory'** and throw an exception. Also add a **static** member function that reclaims this memory. Now create a **main( )** with a **try** block and a **catch** clause that calls the memory-restoration routine. Put these inside a **while** loop to demonstrate recovering from an exception and continuing execution.

Program:

```
#include <iostream>
#include <stdlib.h>
using namespace std ;

class sample
{
    private :

        static int count ;

    public :

        class nonew
```

```
        {

        };

        void * operator new ( size_t sz )
        {
            count++ ;

            if ( count == 5 )
                throw nonew( ) ;

            sample *ss = ( sample * ) malloc ( sz ) ;
            return ss ;
        }
};

int sample::count = 0 ;

int  main( )
{
    sample *s[5] ;

    try
    {
        for ( int i = 0 ; i <= 4 ; i++ )
        {
            s[i] = new sample ;
        }
    }
    catch ( sample::nonew )
    {
        cout << "Run Out of memory" ;
    }

    return 0 ;
}
```